ＢＯＳＳ　一匹狼マネージャー50年の闘い

上條英男

はじめに

上條英男――。私の名前を聞いて、ピンとくる人間は少ないだろう。

かつては「伝説のマネージャー」としてテレビや新聞を賑わせ、広く知られた存在だった。

50年以上におよぶマネージャー生活で、それこそ数えきれないほどのタレントを日本の芸能界に送りだしてきた。また、直接マネジメントを担当したわけではないが、一時は荻野目洋子がカバーして大ヒットとなった「ダンシング・ヒーロー」をプロデュースし、当時はまだ中学校3年生で、沖縄アクターズスクールに通っていた安室奈美恵の発掘に携わったこともある。

その過程で、芸能界の「闇」も多く見てきたつもりだ。

修羅場をあげればきりがない。ヤクザに脅され、大切な楽器を破壊され、日本刀で切りつけられたかと思えば、何千万円もつぎ込んだ女性歌手に逃げられて借金漬けになったこともある。

　芸能界の舞台裏は、少なくとも私の芸能人生においては、謀略と悪徳に満ちたものだった。タレントの独立や引き抜き、ライバル事務所の圧力、新人つぶし、裏切り、薬物、喧嘩…。芸能界の実力者から「嘘」を押しつけられても、ただじっと耐え忍んできた。心にも体にも大きな傷を負った。

　目を閉じると、これまで育ててあげてきたスターたちの顔が浮かぶ。一瞬のきらめきを放ってすぐに消えた光もあれば、今なお輝き続ける光もある。

　ジョー山中、小山ルミ、吉沢京子、カルメン・マキ、ゴールデンハーフ、江間優子、五十嵐じゅん（淳子）、西城秀樹、田中真理、田口久美、浅田美代子、安西マリア、クールス、舘ひろし、スロッグ、セーラ・ロウエル、川島なお美、テレサ野田（西園寺たまき）、三東ルシア、森田日記、松本友里、芹沢直美、貴水博之（ａｃｃｅｓｓ）、トーキョー・タナカ（ＭＡＮ　ＷＩＴＨ　Ａ　ＭＩＳＳＩＯＮ　ボーカル）、クリフエッジ――。

　彼らが光り輝くために、私はどんな汚れ仕事も引き受けた。女性タレントのスキャンダルをもみ消すために、雑誌編集者の前で土下座をし、男に走った女性タレントの前で、みずからの胸を包丁で刺したこともある。

いずれも上條英男の闇から生まれた大切な「光」たちだ。

数えきれないほどのタレントをマネジメントしていく中で、多くの恩人に出会うことができた。周防郁雄氏、川村龍夫氏、ジャニー喜多川氏、井澤健氏…。彼らとは時に反目し、時に慰めながら、ともに切磋琢磨した戦友だと思っている。彼らは今、大手と言われる芸能プロダクションでトップの立場にいて、何億何十億という金を動かしている。

気の知れた仲間からはよくこう言われたものだ。

「上條、もしお前に芸能プロの社長が務まれば、今頃はビルの1棟や2棟は持っていたかもな」

確かにそうかもしれない。スターを発掘して育てるマネジメント能力とその実績については、私の右に出る者はいないと思っている。だが、金儲けに関してはズブの素人。いや、素人以下だ。

会社を起ち上げて、部下にアレコレ指示するのは性に合わない。金勘定はもっと苦手だ。

タレントと寝食をともにし、本音でぶつかり合い、時には鉄拳もじさずにスターに育てること以外は興味がなかったといえばそれまでか。苦労して育てたタレントの卵が、一夜にして国民的スターに化ける。そこに立ちあうことで得られた高揚感、達成感は何物にも代えがたい。

そしてもしも芸能界に残した「功績」があるとしたら、たったひとつ、これだけは断言できる。

芸能界でハーフの存在を認めさせたのは、上條英男だと——。

今でこそローラやダレノガレ明美、水原希子といった多くのハーフタレントが芸能界で活躍しているが、私がスカウトおよびマネージャー業を始めた1960年代は、世間的にはただの珍しい存在でしかなかった。

本編で詳述するが、圧倒的な歌唱力を持ちながら、雑用係としてくすぶっていたジョー山中を日の当たるステージに立たせた。

そして私が銀座のジャズ喫茶「ＡＣＢ」で見出し、スターに育てあげた小山ルミは、アイルランド人の父を持つハーフだ。クリッとした瞳は愛嬌にあふれ、日本人離れしたスタイルとリズム感は、芸能界で大きな武器になると私は確信していた。

彼女と出会ったのは中学生の時だが、学校に行けば周囲から白い目で見られ一時は不登校になったほどだ。ルミのように、悲しい境遇に置かれた少女は、それこそ全国に何万人、何十万人といたはずだ。

だが、ハーフタレントの先駆けとなるルミが、彗星のごとく現れたことによって、一条の光が差した。その光は、カルメン・マキ、ゴールデンハーフ、三東ルシア、安西マリア、テレサ野田へと受け継がれ、長い時間をかけて「市民権」を得ていく。

「日本の芸能界で、上條ほどハーフを世に出した男はいない。ハーフのことなら上條に聞け――」

こうした評判もあって、ハーフに関してはよく私のもとに相談が持ちかけられた。あの宮沢りえがまだ10代だった頃、プロデュースを手掛けていたりえママからもアドバイスを求められたものだ。

今やハーフ抜きに芸能界は語れない。テレビをつければ、ハーフタレントを見ない日はないほどだ。

かつては誰からも見向きもされなかったハーフに活躍の舞台を調えることができただけでも、マネージャー人生に悔いはない。

ＢＯＳＳと呼ばれた一匹狼、上條英男。金儲けは頭にない。自分でスカウトした人材を芸能界に送り込んで、その人生を変えることだけに、異常なまでの情熱を注ぎ続けた。

タレントの卵たちに、寝る間も惜しんで行なったマンツーマン指導。スカウトからボイストレーニング、作詞・作曲にも口を出し、「これだ」と思うカバー曲があれば、即座に日本語の詞をつけさせた。私が常々「アクション」と呼んだ振り付けも自分で行った。あの西城秀樹や安西マリアの情熱的なパフォーマンスは私のアクション指導なくしてあり得なかっただろう。

振り返れば、持ち前のバイタリティでがむしゃらに駆け抜けた半世紀だった。

私が体験し、実際に見聞きした真実をこの一冊に託したいと思う。

誰もが知る往年の大スター、業界のトップに立つ創業者たちにとっては、触れてほしくないエピソードも出てくることだろう。

良いことも悪いこともすべて書こうと思う。だが、勘違いしないでほしい。これは暴露本ではない。

一人の男の戦いの歴史であり、今も戦い続ける戦友へのエールでもある。

2018年8月某日
上條英男

目次

第1章

西城秀樹との1000日間

突然の訃報

ＢＯＳＳ（ボス）――。

小山ルミを筆頭に、手掛けたタレントたちは私のことをこう呼んだ。

「ボスの言うことは絶対」

誰もが服従と忠誠を誓い、血反吐の出るようなつらい特訓に耐え、そしてスターダムの階段を駆けのぼっていく。

知名度やレコードの売り上げという意味では、西城秀樹は私が作り上げた最高傑作のスターだ。

だが、別れは突然に訪れた。

２０１８年5月16日午後11時53分、急性心不全により死去。享年63――。

訃報を聞いた瞬間、頭の中は真っ白になり、しばらく茫然と立ち尽くすしかなかった。

まさか、あの秀樹が…。ショックのあまり、それから数日の間はいっさい食事が喉を通らず、何もする気が起きなかった。

それまで二度の脳梗塞を発症しながらも、家族のため、そしてファンのために懸命にリハビリを続けているのは周囲から聞いていた。あの根性があれば、きっと完全復活して再びステージで往時のようなパフォーマンスを見せてくれると信じていたのだが…。

秀樹が亡くなって、初めて味わう大きな喪失感。それだけ、彼の存在はマネージャー人生において、とてつもなく大きなウエイトを占めていたことを、私は痛感したのだった。

＊

あれは忘れもしない1972年の大晦日。秀樹とそのマネージャーである私は第14回日本レコード大賞授賞式の会場にいた。毎年何百人という新人がデビューする中で、秀樹は日本レコード大賞新人賞にノミネートされた。その年、候補にあがったのは秀樹を含めて８人。当時は５人に新人賞が与えられたから、そのうち3人は落選となる。

私は秀樹と会場で手を取り合い、固唾を飲んで名前が呼ばれるのを待った。司会者が受賞者を読み上げる。

「まず大賞は…『芽ばえ』の麻丘めぐみさん」

その年はまさに豊作の年で、人気と実力を兼ね備えた強敵ばかりだった。だが、秀樹が負けるはずがない。確たる自信があった。

次に呼ばれたのは、「先生」の森昌子、そして「雨」の三善英史。残るは青い三角定規と郷ひろみ、そして西城秀樹…。この中で新人賞に輝くのは2人だけだ。

緊張の中で投票結果が発表される。

郷ひろみ20票、青い三角定規20票、西城秀樹19票……!!

秀樹が落選した。真っ先にこみあげてきたのは怒りだった。生放送のカメラがまわっていることも忘れて、私は審査員たちの前で叫んでいた。

「あんたらは間違っている！　いったい何を基準に新人賞を選んでるんだ！」

落選の理由については語る必要はないだろう。ライバルたちには金があり、私たちにはそれがなかった。それだけのことだ。

理由はわかっているのに、審査員の前で怒鳴り声をあげるうちに、涙が流れ出ていた。きっとその姿は無様だったに違いない。秀樹はそんな私の肩に手を置き、

「ボス、大丈夫だよ。絶対に来年は見返してやるからさ」

と励ましてくれたものだ。その約束通り、秀樹は６枚目のシングル「ちぎれた愛」で翌年の日本レコード大賞歌唱賞に輝き、前年の雪辱を晴らしたのだ。余談だが、その年に秀樹と同じように新人賞を逃した歌手がいた。それが山口百恵だったのだから、いくら権威があっても、賞というのはアテにできないものである。

それでも私は、今度はうれし涙で顔をくしゃくしゃにして、秀樹と喜びをわかちあった。

「ボス、やったぜ！」

その時の秀樹の笑顔はいまだに忘れられない。

所持金5000円の家出少年

秀樹はほんの1年か2年ほど前までは、広島から出てきた田舎くさい少年に過ぎなかった。

その時、すでに私は多くのタレントを育て上げ、「突貫プロデューサー」として業界に名をとどろかせていた。

芸能界入りの夢を抱いていた秀樹は、ツテを頼って、私の元に1枚の写真を送りつけてきた。名は木本龍雄といった。紹介してくれた友人のことを考えると、むげには断れない。私がマネジメントしていた女性歌手・江間優子がちょうど広島のショーに出ているというので面接させると、

「なかなかいいんじゃないかしら。目元がかわいくて、ボスに似ているわね」

こう言って太鼓判を押したのだ。

これも何かの運命かもしれない。そう思って少年に電話を入れ、私はこう告げた。

「きみが本気でがんばる覚悟があるなら、東京に出てきなさい」

木本龍雄、のちの秀樹が上京したのはそれからわずか3日後のことだ。何しろ突然のことだったので、私は面食らった。いきなり公衆電話から連絡を寄越してきて、ちょうど原宿についたところだという。

「何？　原宿？　今行くから待ってろ」

秀樹は待ち合わせ場所で、体を縮こませるようにして立っていた。聞いたら、所持金はたった5000円。これでは追い返すわけにもいかない。とりあえず私の家に居候させることになった。

センスのかけらもない少年――。それが初対面の印象だった。確かに身長はデカく、180センチ近くはあった。無造作に伸ばされた長髪はボサボリで、汚れ放題のスニーカー、流行りを無視した服装…。原宿の街に立つと、よけいに田舎臭さが目立ってしまうのだ。

だが、その長髪の下で、ギラギラと輝く瞳を見た時、私も腹を決めて、秀樹にこう言ったのだ。

「俺はおまえが子どもだとは思わない。ガキだからといって、甘えは許さない。本気で厳しくやるからそのつもりでついて来い！」

かくして猛特訓の日々が幕を開けたのだ。

＊

当時、私は目黒のマンションに家内と一緒に住んでいた。ちょうど3畳の部屋が空いていたので、そこを秀樹の部屋としてあてがった。だが、そこには大きなタンスが置いてあり、実際に使えるスペースはわずか1畳。そこに布団をしいて、体の大きな秀樹が寝ようとすると、とても部屋には収まりきらない。

秀樹の足が、隣の私たちの部屋にまで飛び出してしまうのだから、夫婦のプライバシーも何もあったもんじゃない。家内はたまったものではなかっただろう。食べ盛りの少年の食事まで作ることになったのだから。

私は秀樹をマネジメントするにあたって、ある男に面を通す必要があると考えた。

ジャニーズ事務所のジャニー喜多川社長である。すでにその頃、男性アイドルといえばジャニーズ事務所という認識が業界にあった。そのテリトリーを無断で侵すことなどとても考えられなかった。

私は秀樹をTBSの地下にあった喫茶店に連れて行き、ジャニー喜多川氏との面会の機会を作った。

「ジャニーちゃん、これからこの子を売り出そうと思うんだ。紹介しておこうと思って」

かしこまる秀樹をしばらく眺めて、

「僕の好みじゃないな。いいんじゃない。うちでは扱わないタイプだけど」

ジャニー喜多川氏は笑みを浮かべてこう言ってくれた。これで一応の了承は得られたわけだ。

もしも難色を示していたら、軌道修正を考えたかもしれない。

だが、私には〝勝算〟があった。

ジャニー喜多川氏が目をかけて売り出すアイドルは、いわば王子様タイプで、しかもそれほど背が高くなく、中性的な魅力を秘めた者が多かったからだ。

背が高く、ワイルドな風貌の秀樹は、ジャニーズのアイドル軍団とは正反対のキャラクターだ。デビューしたとしても、ファンを奪い合うことにはならない。そんな考えもあったのだろう。

ジャニー喜多川氏との「平和協定」が結ばれたことで、私はいよいよ本腰を入れて秀樹の育成にとりかかることになった。

私はデビューまでの訓練期間を半年に設定した。

地元広島ではバンド経験があったとはいえ、歌に関しては素人に過ぎない。だが、無理は承知だ。

半年でデビューできなければ、そもそも「縁がなかった」と諦めるしかない。

まずはリズム感を養うために、1日300回の縄跳びを秀樹に課した。ただ飛べばいいというものではない。リズミカルに、小刻みに、ペースを乱さずに飛び続けることが大切なのだ。

一度だけ、私が立ちあっていないことをいいことに、秀樹が縄跳びの回数をごまかしたことがあった。

秀樹が縄跳びをするのはマンションの屋上。私の部屋は最上階にあったので、部屋にいながら、天井から伝わる振動で、その回数を数えることができた。１回、２回、３回…、そして１８５回を跳んだところで、秀樹はトレーニングをやめてしまったのだ。それにもかかわらず、

「ボス、終わりました！」

息を切らしながら、私の部屋へと戻ってきた秀樹。私は落胆すると同時に強い怒りを覚えた。

「バカヤロー！」

その時、私は初めて彼に手をあげた。まだ16、17歳の少年を殴りつけるのはさすがに気が引けたが、これも期待の裏返しである。頬を真っ赤に腫らした秀樹はその後、トイレに駆け込み、ひとしきり涙声をあげると、水で顔を洗って何事もなかったように私の前に姿を見せた。

「もうボスを絶対に裏切りません。どんどんしごいてください」

それからの秀樹は一度も弱音を吐かなかった。声がつぶれるまで発声練習を続

け、プロでも通用する歌唱力とパフォーマンス能力を、たった半年で身につけてしまったのだから、そのガッツには頭が下がるばかりであった。

秀樹の姉が託した50万円

さて、西城秀樹が華々しいデビューを飾るまでの経緯を語るにあたって、触れずにはいられない1人の人物がいる。

秀樹の姉である。

実は秀樹は、故郷の広島から両親に黙って家出をして上京してきたのだった。彼を引き取って、2週間ほど経った頃だろうか、突然、秀樹の家族が私のマンションを訪ねてきた。てっきり、秀樹の様子を見がてら、励ましにでも来たのかと思いきや、

「お前か！　うちの子を誘拐したのは！　この人さらいが！　監禁罪で警察に訴えてやる！」

容赦のない罵声を浴び、その時に初めて知ったのだ。秀樹は親の許可を得ることなく、無断で東京に出てきたということを。事情を知らない親が、怒るのも無理はない。ましてや、当時の芸能界への風当たりは強く、実際に騙されて将来を棒に振った若者も多くいたと聞く。

秀樹の実家は広島で事業を手掛ける、裕福な家庭だった。「大事な跡継ぎを芸能界なんかに…」と思って当然だ。

秀樹は〝木本龍雄少年〟に戻って両親に懇願する。

「どうしても歌手になりたいんだ。それまで家には絶対に帰らない」

その後も「帰ってこい」「帰らない」と押し問答を続けるうちに、母親が泣き出す始末だった。

それでも私はいつしか秀樹の両親にこう頼み込んでいた。

「半年だけください。東京でもしっかり高校に通わせます。だから半年だけ私に預けてください」

それでも両親は納得がいかない様子で、けっして主張を曲げない。

そこで助け舟を出してくれたのが、両親と一緒に上京してきた秀樹の実姉だった。

「龍雄がここまで言ってるんだから…」

そう言うと、何とかその場を収めてくれたのだった。

それればかりか、帰り際に、両親の見ていないところで私のところにやってきて、分厚い封筒をそっと差し出し、こう言うのだ。

「どうか龍雄をお願いします」

あとで見ると、中には1万円札がぎっしりと入っていた。数えると50枚あった。当時の50万円といえば大金である。

私は今でもこの時のことをはっきりと覚えている。私は秀樹のデビューに関して、両親からは一銭たりとも受け取っていない。それればかりか、寝る場所と食事を提供し、プロのレッスンを受けさせて、明大中野高校の定時制にも通わせた。学業もしっかり両立させるのが私のポリシーだった。だが、高い学費を負担しても、

正直、芸能界でモノになるかはわからない。

そんな私の立場を察し、両親を説得し、こっそりと援助までしてくれた実姉の存在がなければ、スター・西城秀樹は誕生しなかったかもしれない。

怒りをあらわに芸能界入りを反対していた秀樹の両親に、

「いいから、いいから…私に任せんしゃい」

こう言ってなだめてくれた日のことは忘れないだろう。

秀樹にとっても、そして私にとっても一生頭が上がらない恩人である。

かなりあとの話になるが、彼女と再会したのはそれから30年ほど経った2001年。秀樹の結婚式会場でのことだった。目が合うと、当時を懐かしむように、後ろから私を抱きしめてくれた。

「俺は上條英男の息子なんだ」

さて、その後、秀樹は短期間でめざましい成長を遂げた。

もうお気づきの方もいるかもしれない。西城秀樹という芸名は、私の名にちなんでつけられたものだ。デビューにあたって、「女学生の友」（小学館）という雑誌で公募したのだが、そこに「サイジョウヒデキ」というハガキが4通もあった。それぞれ漢字は違ったが、編集長はこう言ってくれた。

「上條英男のジョウとヒデが入っているとは何かの縁だ。西城秀樹でいこう」

デビューが決まっても、秀樹の父親は最後まで芸能界入りに反対していた。

すでに単独コンサートを何度も成功させ、新人歌手として注目を集め始めた頃、私は両親をライブ会場に招待した。歌ったのはトム・ジョーンズの「シーズ・ア・レディ」。すると、客席にいた2人は、秀樹のワイルドかつプロフェッショナルなステージに目を丸くし、

「あれが…、あれがタッちゃんですか」

と感嘆しきりだった。驚くのも無理はない。約半年前までは、広島の学校に通うごく普通の高校生だったのだから。

だが、終演後、楽屋に来た父親はそれでも頑なに「広島に連れて帰る」と主張

していた。

秀樹は何と言うのか…。私は想像もつかない秀樹の言葉を耳にする。

「はっきり言うよ。僕はお父ちゃん、お母ちゃんの息子だ。だけどそれは僕が龍雄の時だ。でも、西城秀樹の時は、この上條英男の息子なんだ。ボスを置いて故郷に帰るなんて僕にはできない」

それを聞いた両親は泣き出し、私もトイレに駆け込んで涙を流した。秀樹を育てて本当によかったと、そしてもう後戻りはできないと覚悟を決めた瞬間だった。

さてその頃、私のマンションにはもう一人の〝訓練生〟が居候することになった。のちに「燃える思い」をリリースする女性歌手の森田日記である。彼女も秀樹ほどではないが、身長が高く、歌声には光るものを感じたのだ。

千葉から上京した森田日記のために、私は2段ベッドを購入し、奥の部屋に運び入れた。

秀樹は3畳間の物置を出て上の段に、そして下の段には森田日記が寝ることになった。

森田日記のほうが2歳年下で、2人は実の兄妹のように、トレーニングに励んだ。ただ、私の方針として、女性にはそれほどハードなトレーニングは課さない。縄跳びもやらせなかった。

ごく普通の10代の少年だったら、「差別だ」と受け止め、いじけていたかもしれない。

だが、私は秀樹の態度に「卑屈さ」や「慢心」を感じ取ると、決まってこう言って釘を刺したものだ。

「お前は東大出よりも金持ちになるんだろう。俺のまわりに秀才と呼べる人間はゴロゴロいたが、そんな奴らでも東大・京大に入ろうと思ったら血反吐を吐くくらい猛勉強しなきゃならない。

そして東大に入ったら、次は就職戦線だ。一流会社に入ってエリートたちとの競争を勝ち抜き、10年経ってようやく係長になって、いったいどれだけの月給がもらえると思う?

お前がスターになれば、そんな給料なんてたった1日で稼げてしまうんだ。それがどんなことかわかるか？

10代の若者が大金を稼げる芸能界という世界が、どれだけ残酷で恐ろしい場所か、よく肝に銘じておけ」

芸能界に入れば、それこそ甘い誘惑がたくさん待ち構えている。罠に落ちれば転落するのは一瞬だ。

そんなものに振り回されず、しっかりと将来を見据えて歩き続けてほしい。そんな思いが私にはあった。

＊

コンサートを何度も成功させ、人気に火がつき始めると、もはや秀樹の両親は芸能活動を認めざるを得ない状況になっていた。

所属するプロダクションは芸映に決まっていた。

いくら私に人を育てる才能はあっても、新人歌手を売り出すには組織の力、金の力が必要になる。私1人では限界がある。

最も大事なのは秀樹をスターにすることだ。自分にそう言い聞かせて芸映に預ける決心をしたのだ。

秀樹は芸映の幹部と私、そして彼の両親の立ち合いのもと、マネジメント契約を結ぶことになる。

デビューから5年間は、秀樹と私でギャラを折半する――。これは秀樹の両親の提案から盛り込まれた契約の条件だった。

デビュー当初、芸映は秀樹を売り出すために数百万円もの借金をしてまで、プロモーションに尽力してくれた。

売れなかったら経営は傾く…。社員の誰もがそう思ったかもしれない。だが、その心配は杞憂に終わることとなる。

秀樹は1972年3月に「ワイルドな17歳」というキャッチコピーで、シングル「恋する季節」でデビューした。当初の目論見どおり、広島から家出し、上京してから半年後のことだった。

デビュー曲のレーベルはRCAビクター。それから2000年にレーベルを移籍するまで30年近く、このビクター系レーベルからレコード・CDを出すことになる。

だが、当初はレコードを出すなら東芝と決めていた。それまで私が手がけていた小山ルミにしろ安西マリアにしろゴールデンハーフにしろ、ずっと東芝のお世話になっていたからだ。

だが東芝の担当ディレクターに秀樹の話を持っていくと、どうも反応がにぶい。

「う〜ん、上條さん。申し訳ないが1カ月だけ返事を待ってくれないか」

上の許可を取らなければいけない事情はわかる。だが、返事にそんなに時間がかかるものだろうか。やるかやらないか。この二択だろう。

そこで私は東芝に見切りをつけて、ＲＣＡビクターへ向かった。

対応してくれたディレクターのロビー和田は、秀樹の歌声を聞くなり、その場でＧＯサインを出した。

「上條さん、この子、面白いじゃない。うちで出すよ」

ロビー和田の決断がなければ歌手・西城秀樹のデビューはもっと違うものに変わっていたかもしれない。タイミングを逃せば、「ワイルドな17歳」というキャッチも使えなかったからだ。

それだけではない。もしロビー和田との出会いがなければ、彼がプロデュースを手がけたヒット曲「傷だらけのローラ」も生まれなかっただろう。

反故にされた「事務所との折半契約」

さて、前述したとおり、デビューの翌年に日本レコード大賞歌唱賞を獲得すると、秀樹は人気を盤石にしていく。

「情熱の嵐」「愛の十字架」など次々とヒット曲を生み出し、1974年には「第25回NHK紅白歌合戦」に初出場。栄えあるトップバッターを飾ったことで、その名は全国区となった。

だが、あの時に交わした「5年間はギャラを折半にする」という約束を反故にされるとは夢にも思わなかった。

デビューからしばらく経つと、私と芸映との間で、意見が衝突する機会が増えていった。

芸映の事務所には私の机が置かれ、他に用事がなければ、きちんと出勤していたのだが…。結果的に、私はわずか2年で秀樹のマネジメントから手を引くことになる。

そう、私は裏切られたのだ――。

秀樹はブレイクして、それこそ寝る間もないほど働いた。テレビの歌番組、コンサート、ラジオ、雑誌の取材とそれこそ殺人的なスケジュールをこなしていた。秀樹の活躍は芸映に莫大な収入をもたらした。そしてギャラは私と秀樹で折半する契約だったのだが…。

しかし、いつの日からか、それまで私のもとに毎月送られてきた「支払い明細書」が届かなくなった。それればかりか、私が会社に顔を出すと、経理を担当していた女性は私を露骨に避けるようになっていた。

ある時、罪の意識に耐えられなくなったのか、その経理担当者が私にすべてを打ち明けてくれたのだ。

「上条さん、ちょっといい？　ここだけの話なんだけど…」

「おお、どうした？」

「実はね、私もう我慢できない。あの秀樹さんのギャラはすべて折半するっていう契約なんだけど、ぜんぜん守られていないの」

私は絶句するしかなかった。彼女が「クビを覚悟で…」と明かしてくれた話によれば、私の口座には少なくとも1億円以上が振り込まれていなければならない計算だという。そして当然、そんな大金など入金されてはいなかった。

裏で糸を引いていたのはSという名の幹部社員だった。要するに、レコードの売り上げやコンサートの収入、テレビの出演料といった、秀樹が稼ぎ出す大金に目がくらみ、私という人間を芸映から排除する目論見だったのだ。

大スターになった秀樹を完全に我が物にするには、私という存在との5年間にわたる「折半契約」は邪魔でしかない。そこで契約そのものを無き物にしようとしていたのだ。

だが、この契約はそもそも秀樹の両親の提案で生まれ、両親立ち合いのもとで結ばれたものだ。秀樹の両親、そして芸能界入りを説得してくれた姉に相談しようとも思ったが、すんでのところで思いとどまった。

「だから芸能界というのは信用ならん」

秀樹の父親がそう言って、再び広島に連れ戻そうとする可能性も否定できなかったためだ。

さらに、マスコミに嗅ぎつかれ、「事務所に内紛」「金銭トラブル」などと騒ぎ立てられれば、秀樹の顔に泥を塗ることになる。私はいさぎよく、身を引く決意を固めた。

秀樹のことを思えばこそ、しばらくは冷静でいられたが、ふと芸映の不義理に思いが及ぶと、頭に血がのぼっていてもたってもいられなくなった。

当時、赤坂にあったＴＢＳの前で幹部社員Ｓを見つけると、彼の目の前で契約書をビリビリに引き裂き、

「お前は男じゃねえ」

こう言って芸映を飛び出したのだ。

その際、幹部社員のSは顔を引きつらせながら、「これは当面の生活費に…」と100万円の現金を差し出してきた。私はその金を黙って受け取って帰路についた。

私が芸映から離れることを秀樹に告げると、

「なんで？　どうしてだよ、ボス」

本人は何度も理由を尋ねてきたが、私は答えることができなかった。まだ10代の青年に、芸能界の汚い面を知られたくなかったのだ。その後、秀樹は芸映の幹部からいろいろと私にまつわるイヤな噂を吹き込まれていたのかもしれないが…。

これからの長い芸能人生、そんなことはわざわざ教えなくてもいくらでも経験できる。私はこの話を墓場まで持っていくつもりだったが、まさか秀樹が先に逝くことになるとは…無念でならない。

「YOUNG MAN」誕生秘話

あれは忘れもしない、私が最後に立ちあった秀樹のレコーディングでのことだ。都内のスタジオで収録していたのは「ちぎれた愛」。私は秀樹に言った。

「おい、最後にこう叫べ、『バカヤロー！』だ」

「ボス、いいんですか？」

「いいんだよ」

目を丸くする秀樹にそう促すと、秀樹はありったけの声で「バカヤロー」のセリフを吹き込んだ。物議をかもしたが、この曲で初めてオリコンチャート１位を獲得したのは何とも皮肉な話だ。

言っておくが、秀樹と私の間には何のわだかまりもない。今だから明かせるが、芸映を去ったのちも、私は陰

ながら秀樹を支え続けた。

１９７９年にリリースされ、ミリオンセールスを記録した「ＹＯＵＮＧ　ＭＡＮ」も私との絆から生まれた曲だ。

しばしば渡米していた私の趣味はメジャーリーグ観戦。しかもＮＹヤンキースの大ファンで、ヤンキースの試合ではいつも試合の５回終了時点で「ＹＭＣＡ」のハーフタイムショーが行われていた。そのショーマンシップにはいつも感心させられ、ずっと頭に残っていたのだ。

ある日、秀樹が私のもとを訪ねてきた。私はすぐにピンときた。当時の秀樹はしばらくヒットから遠ざかっていて、何かアドバイスが欲しかったのだろう。

その時に私の頭に浮かんだのが、あの広い球場に流れていた「ＹＭＣＡ」だった。私はすぐに「これはどうだ？」と提案すると、秀樹も気に入ったようで、笑顔で帰っていったのだが…。

何を隠そう原曲を歌っているのはアメリカの６人組グループ、ヴィレッジ・ピープル。ゲイのイメージを売りにしていたため、秀樹がカバーすることについて周

囲は、

「ゲイの曲を歌わせるなんてとんでもない」

と大反対したというのだ。

このことを伝え聞いた私は、改めて秀樹に言った。

「いいか秀樹、お前はもうスターだ。お前は自分の意見を通せるんだ」

「はい、ボス。俺、やってみます」

すでに秀樹はセルフプロデュースの能力を身につけていたのだろう。

しばらくして、テレビからはあの「YMCA」の小気味よいサウンドが聞こえてくるではないか。秀樹が歌う「YOUNG　MAN」は、「愛の十字架」（1973年）から数えておよそ20曲ぶりにオリコンで第1位を獲得したシングルとなった。

＊

さて、「5年間は折半」という契約をないがしろにした芸映との間には、後日談がある。当然これは秀樹も知らないエピソードだ。

私が秀樹のマネジメントから手を引いて3年が経った頃、フラワーキッスという5人組のアイドルグループを手掛けていた。所属レコード会社のビクターの宣伝会議では、このフラワーキッスをプッシュしていくという方針が決まっていた。だからこそ私は彼女たちに賭けていたのだが…。

「上條さん、すいません。うちはピンク・レディーを一押しで進めることになりました」

ビクターの担当者は頭を下げるばかりで要領を得ない。その背後で大きな力が動いていたのを知ったのは、ずいぶん後になってからのことだ。

詳しくは書けないが、ピンク・レディーのデビューにあたって、私が構えていた個人オフィスなど一発で吹っ飛ぶようなケタ違いの金が動いたのだ。

1976年にフラワーキッスはデビューしたものの、プロモーションはなかなかうまく進まない。同年デビューのピンク・レディーとの差は歴然としていた。

売り出すために作った借金はふくらむばかりで、新曲の製作費にも事欠く有様だった。

窮地に陥った私は、再び芸映を訪れる。幹部社員のSに300万円の融資を申し込むためだ。だが、Ｓの反応は冷たいものだった。

「上條、悪いが、今はそっちに回せる金がないんだ。一週間前に土地を買ったばかりなんだ」

金銭の問題ではなかった。男と男ならわかってくれると思っていた。

スター不在の芸映に、秀樹を世話したのは誰だったのか…。仲違いはしても、一緒に苦労してきた仲間ではなかったのか…。

私が芸映を去る時に、「生活費」と渡された１００万円の意味がはじめてわかった。あれは手切れ金だったのだ。

義理や人情などというものが、芸能界では何の役にも立たないということを、この時に思い知らされたのだ。

人生に絶望したその夜、私はためらうことなく左手首の動脈を包丁で切りつけた。その時に一緒に暮らしていた2番目の女房が気づくのが、あと少しでも遅かったら、私はこの世にいないだろう。

さらに追い打ちをかけるように、入院先のベッドにまで借金取りが押しかけてきたのだから、まさにドン底状態にあった。

病院のテレビをつければ、ブラウン管の中には華やかな衣装に身を包んだ秀樹がいた。

それで少しは救われた思いがした。

いろいろあったが、秀樹の成功を一番喜んだのは私だと自負している。

その後も秀樹は精力的にステージに立ち続けた。

形見となったブレスレット

だが、そんな秀樹にも、不遇の時代が訪れる。

きっかけは1983年、芸映からの独立である。当時、石川秀美や河合奈保子といった人気アイドルを抱えていた大手プロからの独立。普通に考えれば、「円満退社」などあり得ない。今で言う「干される」状況に置かれるのは目に見えていた。

個人事務所「アースコーポレーション」を起ち上げたものの、実際、しばらくテレビで秀樹を見ない日が続いた。

私が伝え聞いた話では、秀樹の独立を陰ながらサポートした人物がいるという。バーニングプロダクションの社長、周防郁雄氏だ。私と彼との長年にわたる交遊については後述するが、彼の後押しなくして、その後の順風な活動はなかっただろう。

ただ、周防氏が表立ってサポートできなかったのは、その時ちょうど郷ひろみを預かっていたためだろう。郷の心境を思えば、秀樹のバックアップを表沙汰にするわけにいかないのは当然だ。

その証拠に、秀樹の死から約１週間後に行われた通夜・告別式はすべて周防氏が段取りをつけたと聞いている。あれだけの実績を残した大スターだ。周防氏以外に、きちんと仕切れる人間がいるとも思えないが、彼以上に義理人情に厚い好人物に、私はお目にかかったことがない。

＊

最後に秀樹と会ったのはいつのことだろうか。

あれは秀樹に子どもができたばかりの頃だから2003年頃だったと記憶している。

その日、ある用事があって横浜の街を歩いていると、子どもを連れた秀樹にバッタリ出くわしたのだ。

「ボス、これが俺の子どもなんだ」

そう言って抱っこして子どもの顔を見せてくれた。しかし会話もそこそこに、

「せっかく会ったんだ。ボス、ちょっとそこで待っててくれないか」

秀樹はこう言うと、奥さんと子どもをその場に残して走り去ってしまった。

5分…そして10分経っても戻ってこない。

「いったいどうしたんだ…秀樹の奴は」

不思議に思いながらも帰りを待っていると、秀樹が小走りで戻ってきた。手には何やら包みが握られていた。

「なんだこれは」

「ほら、前からボスにプレゼントしようと思っていたんだ」

手渡されたのは金色のブレスレットだった。

「前から言おうと思ってたんだけど、ボスは腕が短いだろう？　だからこれをつけなよ」

「腕が短いって…よけいなお世話だよ」

シャツの上からそのブレスレットをひじまで通すと、確かに、前腕の部分がスッキリして、腕が長く見えないこともない。

横浜に住んでいた秀樹は、その近くの店に置いてあるブレスレットを気に留めてくれていたのだろう。お互い連絡先は知っていたが、今度はいつ会えるかわからない。そのため、偶然に出会った場所からわざわざその店に出向いて、プレゼントを買いに走ったというわけだ。

「じゃあ、ボス、元気で」

それが秀樹と交わした最後の会話になった。

たったの５０００円を手に16歳で上京。鉄拳に涙し、それでも歯をくいしばって一気にスターダムに駆け上がった秀樹。別れのレコーディングで「バカヤロー！」

と叫び、袂をわかっても「ボス」と慕って相談にやってきた。そして父になって見せてくれた幸せそうな笑顔——。

そのどれもが、何物にも代えがたい最高の思い出である。

第2章

傷だらけの半生記

勘当されて音楽の道へ

私は1941年1月10日、北九州市で生を受けた。その時すでに両親は離婚していて、生後すぐに父方の祖父母に引き取られることになった。親の愛情とは無縁な幼年期を送り、物心がついた時に、日本は終戦を迎えた。まわりでは、大の大人たちがラジオの玉音放送を聞いて涙を流しているではないか。それが私の原風景としてしっかりと心に刻まれている。

「神の国、日本――」

こう教えこまれてきた日本が、アメリカに負けた。この事実が幼い私にもたらしたのは、屈辱でも悲しみでもない、アメリカへの畏怖の念だった。のちに私が多くのハーフタレントを手掛けることになったのも、この時の体験がもとになっているのではないかと思う。

終戦からしばらくすると、街には進駐軍のジープが我が物顔で走るようになる。

「アメリカ人だ。みんな逃げろ！」

走って逃げまわる同年代の子どもたちをよそに、私はジープを追いかけた。私にとってアメリカとは強さの象徴だった。

強さへの憧れからか、10代になると柔道やボクシングなどの格闘技を習い始める。その頃になると、私の父は九州・博多の女医と結婚し、再び一緒に暮らし始めていた。そして私は名の知れた医院の「跡取り息子」という立場にあった。継母は素晴らしい人格者であったが、どうがんばっても「お母さん」と呼ぶことができない。

そんな葛藤を抱えながら反抗期を迎え、喧嘩三昧のグレた生活を送ることになる。

15歳にして柔道の黒帯を取得していたこともあって、腕っぷしには自信があった。

学校では告げ口をした同級生を殴り飛ばして歯を折ったり、差別意識の塊のような教師をぶちのめすこともあった。

相手に非があるとわかれば、誰彼かまわずに手を出していたのだ。

中学時代には少年鑑別所に送られ、義母にはずいぶん迷惑をかけた。それでも成績だけは常に学年内で上位をキープしていたため、

「いつかは落ち着いて、ゆくゆくは病院を継いでくれるだろう」

と両親は期待していたかもしれない。

だが、喧嘩グセは高校に進学しても治らなかった。そもそも私という人間は「与えられたレール」の上を歩くことに大きな精神的苦痛を味わう生き物なのだ。リスクを抱えて未知の世界に飛び込むことに快感を覚える「超危険人物」である。まともな高校生活を送れるはずがない。

そして傍から見れば無謀でしかない喧嘩に身を投じ、大人数に袋叩きにあって2カ月の入院生活を強いられることになった。

大怪我をして病室に横たわっていると、どこからともなく音楽が流れてきた。なんだろう…。耳を澄ますと、素晴らしい旋律と歌声が聞こえてくるではないか。のちにその曲は小坂一也の「ワゴン・マスター」という曲だとわかった。

小坂といえば、日本でいち早くロックを演奏し、50年代からエルヴィス・プレスリーをカバーし、「元祖・和製プレスリー」とも呼ばれていた。彼の歌声に、私はすっかり打ちのめされていた。

もしかしたら私が初めて聴いたロックだったかもしれない。その時、全身を電流が流れるかのような衝撃が貫き、強く決心する。

「よし、俺も歌をやるぞ！」

九州大学の医学部に進学させたがっていた両親は真っ向から大反対。「勘当する」とまで言われながら、私は関西大学文学部に進学する。

実は当時、私にはもうひとつ「なりたい夢」があった。それは新聞記者だった。記者という職業なら、自分が持っているエネルギーや情熱のすべてをぶつけられそうな気がしたのだ。そして記者になれば、芸能界を取材することもあるかもしれない。そうすれば、もっと歌の世界を知ることができる。

漠然とそんなことを考えながら、大学に通うこととなった。

荷物をひとつにまとめ、大阪へ向かう夜汽車に乗った。今なら新幹線で3時間ほどで着くが、当時は博多まで開通しておらず、12時間くらいかかったように記憶している。

関西大学では柔道部に籍を置いて、練習に明け暮れることになった。大学選手権など大きな試合にも先鋒として出させてもらい、「日本柔道界のホープ」として大きな期待を集めたものだ。

当時の柔道界といえば、体重制がもうけられていなかった。私の体重は60キロ台だったが、時には130キロ以上はある巨漢と試合をすることもあった。しかし、ほとんど負けた記憶がない。どんなに不利な試合でも、少なくとも引き分けに持ち込む技術を身につけていたためだ。そして私は大の負けず嫌いだった。

まさに硬派な学生そのものだった。

だが、私は勘当された身。仕送りは最低限の額しか送ってもらえなかった。大阪で生活するためには働くしかない。ラーメン屋の屋台を引くこともあった。しかしどうせ働くなら音楽関連の仕事がいい。そこで目をつけたのが、大阪で人気を誇っていたジャズ喫茶「ナンバ一番」。そこで北原じゅんのバンドボーイとして働き始めたのが、芸能活動の第一歩となった。

そしていつしか大学も中退して、音楽の世界にどっぷりとはまっていく。

内田裕也との出会い

私は「ナンバ一番」で、東京からやって来たバンド「ベルボーイズ」のバンドボーイをしていた。バンドボーイといっても、要は雑用係である。衣装の用意やメンバーへの水汲み、酔っ払いへの対応など何でもやらされた。

そもそもバンドボーイに何より求められたのは喧嘩の強さだった。当時は採用テストが喧嘩ということも珍しくなかった。

繁華街にあるライブハウスのステージに立つと、チンピラなどが因縁をつけてくるのはしょっちゅうで、それを排除するのがバンドボーイの重要な仕事だった。

「おい井上（※上條の本名）、ステージが終わったらここで勝負してやれ」

雇い主に言われて、本当にステージの上で喧嘩をやらされるのだから、たまったものではない。なかにはボクシングをしていた輩もいたが、一度つかんでしまえば柔道家が圧倒的に有利である。投げ飛ばしてKOするや、メンバーの喝さいを浴びたものだ。

「ラ・マラゲーニャ」「赤いグラス」などのヒット曲で、1960年から11年連続で紅白出場を果たしたアイ・ジョージは、下積み時代に雑用の合間を縫って、「ナンバ一番」の3階でギターを担いでラテン系の歌を歌っていた。だが、評判になっていたのは、その喧嘩の強さだった。

「おい、あのアイ・ジョージって男はボクシングで4回戦まで行ったらしいぞ。井上といい勝負をするんじゃないか」

そんな風にけしかけられて、実際に喧嘩をやらされたこともある。

いざ対峙するや、私は初っ端に2、3発パンチをもらった。彼はフィリピンの血を引いていたということもあって、喧嘩にもラテンのリズムが流れているように感じた。

「さすがプロのパンチは速いな…」

防戦一方だったが、つかまえればこっちのものだ。袖をつかむや、投げ一閃。硬いステージの床に、アイ・ジョージの背中を叩きつけ、そこからは赤子の手をひねるようなものだった。

その後のアイ・ジョージといえば、フィリピン・マンボを独自のアレンジで「ドドンパ」に昇華させて、大ブームの火つけ役となった。このところ全く噂を聞かないが、生きていれば80歳台半ばだろうか。

この大阪時代には、さまざまな出会いがあった。

ロックンローラー・内田裕也と知り合ったのもその頃だ。

私がバンドボーイをしていたベルボーイズに、裕也ちゃんがオーディションを受けに来たのだ。

あれは忘れもしない。当時はロックといっても、シャツにスーツ、ネクタイでビシッと決めるスタイルがいわば正装だった。だが、オーディションにやってきた裕也ちゃんの格好ときたら…。

よれよれのジーンズに、上はTシャツ。ジャケットに袖を通さず肩にかけて、偉そうに風を切るようにして現れた。

歌手になりたいという彼はそこでポール・アンカの「ダイアナ」を自信たっぷりに歌い始めた。だが、お世辞にもうまいとは言えなかった。

ギター伴奏を務めたベルボーイズの伊部さんも渋い表情をしていた。そして肝心のサビの部分で、音程に狂いが生じた。伊部さんはそこで演奏を止めてはっきりと言った。

「あんた、音楽の才能ないよ」

いったい彼はどんな反応を見せるのか…。他人事ながら、なりゆきを見守っていると、

「わかりました。どうも!」

そう言ってあっさりと引きあげていったが、それから1カ月もしないうちに、私は度肝を抜かれることになる。

大阪の別のライブハウス「銀馬車」に行くと、なんとステージで歌っているのはあの裕也ちゃんではないか。のちに「二人の並木径」「ゴンドラの唄」などのヒッ

トを出す佐川ミツオとツインボーカルでステージに立ち、満場の観衆を魅了していたのだ。

　実はそのバンドはそれまであまり人気がなく、「あと2カ月で解散」というところまで追い込まれていたのだが、この裕也人気で息を吹き返したと聞いた。

　裕也ちゃんとはその頃から50年以上の付き合いだ。彼との数々のトラブルについては後述するが、ことステージパフォーマンスにかけては天才と認めざるを得ない。

　私が知る限り、彼はサングラスをかけてステージに立った初の日本人アーティストだ。

「サングラスをかけて人様の前で歌うなんて」

　そんな批判を浴びたと思う。それでも裕也ちゃんは自分のスタイルを貫きとおした。そして、ステージの終盤で、それまでかけていたサングラスを舞台の奥に放り捨てるパフォーマンスは、観衆の喝さいを浴びたものだ。

　あれは神戸の「コペン」での出来事だった。

いつものようにプレスリーの曲のサビ部分で、派手にサングラスを放り投げた裕也ちゃん。するとどうだ。「コペン」のステージのカーテンが閉まった途端、真っ暗な舞台でサングラスを探していた。

「俺のサングラス、サングラスどこ行った」

当時はなかなか手に入らないものだったので、そのつど回収していたのである。

「一度でいいからバンドのメンバーに給料を払ってみたい」という理由から、裕也ちゃんは10代でバンドを持ち、その後、「山下敬二郎と東京ヤンキース」に参加。ヤンキースというだけあって、地方巡業には常に野球道具を持っていったのは有名な話だ。野球をするためじゃない。公演先ではたいていガラの悪いチンピラが因縁をつけてくるので、そのたびに、バットで蹴散らしていたというのだ。

ただ、裕也ちゃんは、バットではなく空気銃をバッグに忍ばせていた。

「このほうがサマになるだろ？」

こと自己演出の才能に関しては、彼の右に出る者はいないだろう。

今まで、大きなヒット曲、代表曲というものはなくても、ここまで芸能界で存在感を示してきたのは、彼のあふれる反骨心があったからだと私は思う。

１９７３年から「打倒！ＮＨＫ紅白歌合戦」を掲げて、大晦日の年越しコンサートを開催。沢田研二、ジョー山中、桑名正博ら一流のアーティストたちがその意気込みに賛同して参加したのも、彼のカリスマ性あってのことだろう。

日本刀を手にヤクザの事務所へ

かくいう私も、大学を中退し、音楽一本の生活になってからは、まさにトラブルの連続だった。

渡辺プロダクションのオーディションを受けたのをきっかけに、フォー・ナイン・エースというバンドを結成。仲間とともに、北海道と東北へ武者修行の旅に出ていた。

その頃、興行と名のつくものはほぼすべてがヤクザの資金源と言ってよかった。

そして、どんな小さな会場でも、ライブをやれば客はそこそこ入り、５０００円ほどのギャラを得ることができたのだが…。

そこにヤクザが介入すれば、カスリをはねられて、とても食べてはいけない。

そこで私はどこでショーを開くにしても、ヤクザにはいっさい話を通さなかった。今では考えられないが、私は常に日本刀を常備していた。それだけの覚悟をもって音楽に打ち込んでいたのだ。

そうした反骨精神のおかげで私は何度も死にかけた。

仙台ではこんなことがあった。

ライブハウス「コスモポリタン」で演奏を終えて、宿で寝ていると、電話で叩き起こされた。声の主は劇場のスタッフだった。

「上條さん大変だ！　ヤクザがやってきて、アンタらの楽器をメチャクチャにしていった」

理性は完全に吹っ飛んでいた。バンドのリーダーとしての使命感もあった。日本刀を手にするや、真夜中の街に飛び出し、ヤクザの事務所へと向かったのだ。

その動きを察知したチンピラたちは、待ち伏せし、集団で私を組み伏せた。

10人以上はいただろうか。人間の拳、革靴の底、木刀が視界を埋めつくす。

バキッ！　ボコッ！

殴られ、蹴られ、意識を失いかけたところで、日本刀を奪われ、その刃はやがて自分の左腕へ振り落とされることとなる。

スーッ、ブシュゥ！

目の前に高さ5メートルほどの血しぶきが上がった。もしかしたら振り下ろした側も、刀の扱いに慣れていたのかもしれない。腕の神経が傷つかないギリギリのところで刃は止まっていたそうだ。

この左腕の大きな傷は今でもはっきりと残っている。

とにかくあの時代は、腕っぷしが強くなければバンドなどとてもできなかった。

今のように、コンサートやライブ会場で警備員が守ってくれるわけではない。演奏中に暴漢や酔っ払いがステージに乱入して、ライブをメチャクチャにするなんてことは日常茶飯事だったのだ。

そんなわけで、ツアー中は生傷が絶えなかった。

ある時には、ヤクザ者とのトラブルでまたも袋叩きにされた。

「二度とギターを弾けないようにしてやる」

チンピラはそう言って、手にしたレンガを私の右手に力いっぱい振り下ろした。

幸い、潰されたのは小指1本だけで、ギターを演奏するのに必要のない指であった。

＊

巡業先の函館においては、忘れられない大事件に見舞われた。

なんと、バンドのメンバーがヤクザの親分の姐さんの妹と深い関係になってしまう。しかもそいつは、結婚の約束までしておいて、逃げてしまったのだ。その男に心底惚れていた姐さんの妹は、振られたショックでハイミナールという睡眠薬を大量に飲んで自殺を図る。そして運悪く、彼女は帰らぬ人となってしまった。

まさに一大事だ。恐怖したメンバーは逃亡してそのまま行方不明になってしまい、私はリーダーとしての責任を問われて組事務所に連れて行かれてしまう。

「あんたが責任者だろう。人間一人の命の代償だ。片腕をいただく」

と言って組長が日本刀を振り上げた時は顔面蒼白。もはや弁明の言葉すら思いつかない。

今度こそ斬り落とされる――。

背中から尻にかけて冷や汗が大量に流れて、本当にズボンがびしょ濡れになったほどだ。私は片腕で生きていく覚悟を固めた。その時だ。

「やめて！」

そこに救いの神が現れた。組長の姐さんだった。自殺した女性の実姉が私のために命乞いをしてくれているではないか。

しかし親分も一度振り上げた刀をおさめるわけにはいかない。

ポーンと刀をおろすと、おびただしい血が噴き出るとともに、姐さんの絶叫が耳にこだました。

やはり姐さんの懇願もあって、手加減をしてくれたのだろう。幸いなことに、腕は切断まではいかず、それでも16針を縫う大怪我だった。

姐さんにしてみれば、私は「妹を殺した男」の仲間である。それがなぜ、私に救いの手を差し伸べてくれたのか。あとでわかったのだが、昔、姐さんが本気で惚れぬいた男が私にゾックリだというのだ。

どこから聞きつけたのか、そんな私のライブを聴くために会場に何度も足を運んでくれていたというのだ。彼女の妹はその付き添いだった。それがいつの間にか、バンドのメンバーと男女の仲となり、その結果がこのトラブルだったというわけだ。

私の長い人生において、バンド活動をしていたのはほんのわずかな期間だ。にもかかわらず、昨日のことのように思い出すのは、こうした修羅場をいくつもくぐってきたからだろう。

どこかの親分にこう言われたことがある。

「カタギにしておくには惜しい奴だ」

腕には2本の大きな斬り傷、そして欠損した右手の小指。もし私がどこかで野垂れ死んで、何も知らない人間が遺体を見たら、間違いなくその筋の人間だと思うだろう。

スカウト1号は沢田研二

フォー・ナイン・エースではボーカルを務め、波乱に満ちた活動期間はもうすぐ4年になろうとしていた。

いくら修行とは割り切っていても、毎日のようにトラブルが起き、歌に集中できない日が続くと、ストレスもたまっていく。

「このままでいいのか。俺に歌の才能があるのか」

こんなジレンマを抱き、自問自答する日が続いた。

そしてある事件で、私は逮捕されることになった。

もちろん私に非はないと今でも思っている。結果的に警察署で20日間の留置場暮らしを強いられたわけだが、そこで保証人にもなってくれた仙台北署の菅原刑

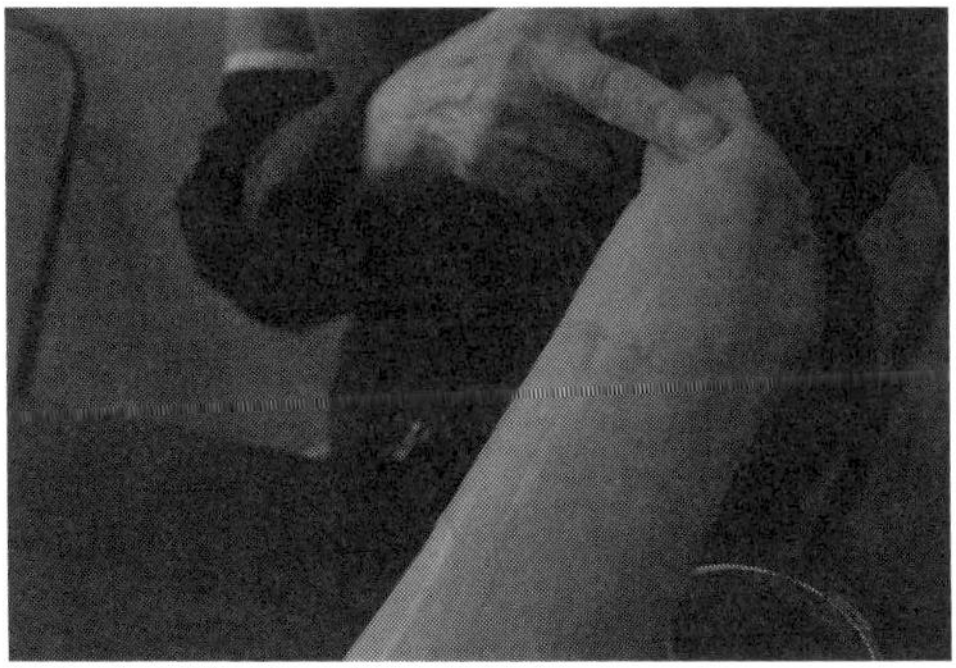

日本刀の傷跡は今も残る

事部長に言われたセリフが頭から離れなかった。

「お前はここにいる人間ではない。するべきことがあるはずだ」

勾留を終えて、仙台市内の宿舎に帰るためにタクシーに乗った。

その車中で私は大きなカルチャーショックを受けることになる。

ラジオからローリングストーンズの「ペイン・マイ・ハート」が聴こえてきたのだ。

「運転手さん、ちょっと止めてください」

その歌を初めて聴いた時はどのバンドが演奏しているかもわからなかったが、まさに青天の霹靂。そのすべてに圧倒され、まるでこれまでの音楽活動を全否定されたかのような思いに駆られたのだった。

続く「ハート・オブ・ストーン」にじっくりと耳を傾けた。その迫力ある歌声に、すっかり打ちのめされていた。私の中で何かが崩れ落ちた。

その音楽との出会いは大きな転機となった。

「どんなに頑張ったところで、俺たちはストーンズにはなれない。ならば、ミック・ジャガーになれる人間を探しだすしかない」

こう心に決め、私はフォー・ナイン・エースのマネージャーに転身した。

けっしてマネージャーという職業に就こうと思ったわけではない。自分の手で素晴らしいミュージシャンを作り上げたい。そのことだけに全精力を傾けようと決意したのだ。

それは新たなる挑戦だった。

そして初めての仕事が、新生フォー・ナイン・エースのために、ボーカルを見つけることだった。

私はすぐに仙台から夜行列車に乗り込み、大阪へと向かった。

向かった先は、やはり当時は最もイキのいいバンドが集まる「ナンバ一番」。そこで演奏をしていたのが、京都から遠征してきたファニーズだった。

ボーカルは沢田研二。当時アメリカで流行りだったモンキーズの曲をやっていた。歌も全体の仕上がりもまだ粗削りだったが、光るものを感じ

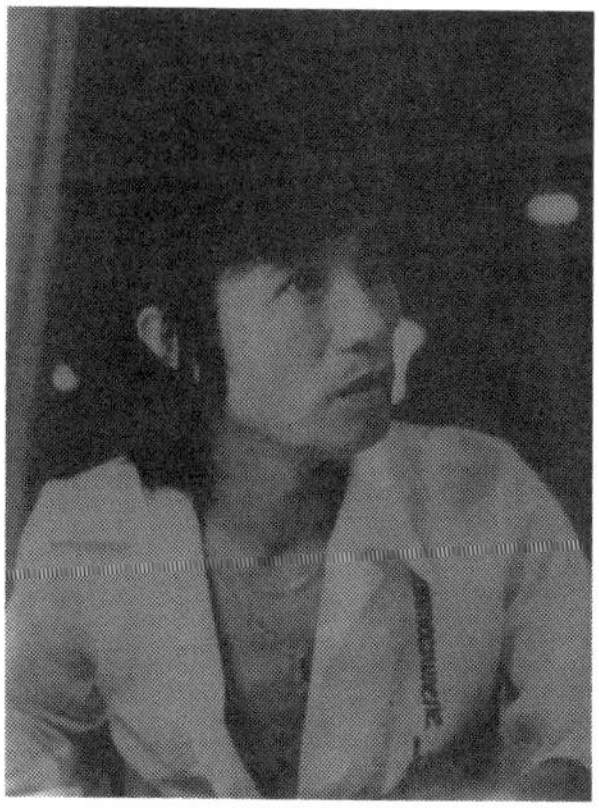
マネージャーに転向した頃

た。

「あのボーカル…、女みたいな顔していると思ったら、なかなかやるじゃないか。これだよ、これ。彼らなら日本のストーンズも夢じゃないぞ」

演奏が終わった頃にはすっかり魅了されていた。彼らにはハートがある。そしてあのボーカルは磨けば光るダイヤモンドの原石だ。私はさっそく声をかけた。

「東京で勝負しないか。君たちならやれる」

だが、私の提案にはある残酷な条件があった。5人いたメンバーのうち、プロで通用しそうなボーカルの沢田、ベースの岸部修三（現在は一徳。俳優として活動）、リズムギターの森本太郎の3人だけを連れていくというものだった。

ボーカルの沢田はすぐにこう返した。

「とてもうれしい話ですが、グループは壊せません。全員一緒でなければ東京には行きません」

当時は常識とも言えたグループメンバーの引き抜きだが、沢田はけっして首を縦に振ろうとしなかった。

「よしわかった。俺もお前たちの友情は壊したくない」

スカウトは失敗に終わったが、彼の男気に感心させられたものだ。

その後、ザ・タイガースとしてデビューし、１９７１年には日本人アーティストとして初となる日本武道館単独コンサートを成功させるなど、たった数年でビッグバンドにのしあがっていったのも、その結束力があってのものだろう。

マネージャーに転身して最初のスカウトは不発に終わった。だが、挫折感よりも、未来への希望で胸が高鳴っていた。

第3章

ボスと呼ばれて

ハーフタレントを手掛けて

沢田研二にあっさりとフラれ、その足で向かったのが、横浜にあるジャズ喫茶「ピーナッツ」だ。

そこでバンドボーイとして雑用をこなしていたのが、山中アキラという青年だった。のちのジョー山中である。会った瞬間に、日本人離れした身のこなし、洗練されたしぐさに目を奪われた。聞けば、日本人と黒人のハーフで、数いる兄弟の中で自分だけが肌の色が違うという。

学校に行けば好奇の目にさらされ、いじめの標的にされたこともあっただろう。

話は少し脱線するが、ここでハーフタレントについて述べたい。

外国人の血を引くハーフという存在は、日本ではマイノリティで、差別と偏見の対象でしかなかった。

だが、私はハーフが持つ独特の魅力に惹かれずにはいられなかった。おそらく終戦時に抱いた〝戦勝国〟アメリカや外国に対する畏敬の念がそうさせたのかもしれない。

今でこそハーフタレントは珍しくない。

ローラ、ベッキー、マギー、ダレノガレ明美…。テレビをつければ、彫りが深く日本人離れしたスタイルでファンを魅了するハーフたちの姿がある。

こうしたハーフタレントの魅力をいち早く世間に認知させ、そして誰よりも多くのハーフタレントを手掛けたのは私だという自負がある。

詳しくは後述するが、小山ルミはアイルランドと日本人のハーフで、歌に映画にドラマにと、そのコケティッシュなキャラクターを存分に発揮した。また、田口久美はアメリカの血を、そして田中真理はロシアの血を引いていて、いずれも女優として芸能界で輝きを放った。

そして、私が初めてスカウトし、芸能界に引き入れたハーフタレント第1号が、このジョー山中である。

初対面のシーンに戻そう。その時、一介のバンドボーイに過ぎなかったジョーに、私はこう話しかけた。

「おい、ここでボーヤやって、金はちゃんともらってるのか」

「小遣い程度です」

実直そうなまなざしを見て、私はすぐに彼の歌が聴きたくなった。ちょうどバンドのメンバーも一緒だったので、「おい、何か歌ってみろ」となったのだ。

ジョーに歌わせたのは、ローリングストーンズの「ペイント・イット・ブラック（黒く塗れ）」。

その歌声を聴いて、一瞬、「あれ？」と思った。その歌唱力に驚きながらも、何か奇妙な違和感が先に来たのだ。プロにしかわからない微妙なズレが…。

「ん？　ちょっと待て…。ギターのコードは？　Eか、いやもしかしたらFかもしれん」

ジョーは原曲のキーどおりに歌っていたのだが、伴奏が勘違いをして半音だけズレていたのだ。

これでようやく音と声が一致した。改めて彼の歌声を聴くと、並の日本人歌手には絶対に出せない３オクターブの声がドーンと心に響いてきた。これは只者じゃない。すぐにフォー・ナイン・エースのボーカルに抜擢した。

ジョーが入ったことで、日本人のバンドとして初めてキングレコードの洋楽レーベルからレコードを出すことができた。「ウォーキン・ザ・バルコニー」はその中でも忘れられない名曲だ。

ジョーがフォー・ナイン・エースに在籍していたのはわずか2年ほどだった。その間に彼はさらに実力を上げて、内田裕也のフラワー・トラヴェリン・バンドにボーカルとして参加。その後、ソロになってからは、俳優としても出演を飾った映画「人間の証明」（１９７７年）の主題歌を歌い、50万枚以上のヒットになった。

実は映画の製作にあたって角川春樹さんにこう言われたことがある。

「ジョーは上條さんがスカウトしたんですよね。主題歌もジョーに歌ってもらおうと思っています。何かアドバイスはありませんか？」

記憶はあやふやだが、私はこう答えたと記憶している。

「カッコイイ奴は何をやってもカッコイイんです」

それからしばらくして、私は「人間の証明」のデモテープを聴く機会に恵まれた。そして私はすぐにジョーに会い、こんなアドバイスを送った。

「最初の歌い出し、Mama,Do you remember ～から哀愁を出せ。お前は悲劇の主人公だ。もっと悲壮感を出したほうがいい」

「はい、わかりました」

日比谷野外音楽堂のライブ中に、ジョーがステージに乱入してきた暴漢をボクシングで返り討ちにして半殺しにしたのはあまりに有名なエピソードだが、私にはいつも従順だった。

袂をわかってから20年ほど経った頃に、思わぬところでジョーと再会を果たした。

札幌の大きなホールで音楽イベントがあり、私は当時見ていたバンドを引き連れて会場にいた。そのリハーサル中の出来事だ。音合わせをしていると、2階席

から怒鳴り声が聞こえた。

「リハーサルいつまでやってんだ。お前らだけじゃねえんだぞバカヤロー！」

私も瞬間湯沸かし器の異名を持った男だ。1階の客席でその声を背中で聞いて、黙っていられなかった。

「バカヤロー！　誰にもの言ってんだ。降りて来いよバカヤロー！」

振りかえって見上げると、顔を真っ赤にしたジョーと視線が合い、なんとも気まずい空気が流れた。どうやらジョーがイベントの主催者だったようだ。

間を取り持ってくれたのは、ジョーの奥さんだった。

「あなた、上條さんのバンド、リハーサルはそんなに長くなかったわよ」

こう言ってその場を収めて、さらに後日、ジョーを連れて東京の私の自宅にお詫びに来てくれたのだった。

ジョーは2011年に肺がんで亡くなってしまったが、その歌声は今もファンに愛されてやまない。これもまたスカウト冥利に尽きるというものだ。

初めて「ボス」と呼んだ小山ルミ

私を初めて「ボス」と呼んだタレントは小山ルミだ。

そして私がフォー・ナイン・エースのマネジメントを離れる原因になったのも彼女である。

あれは1966年頃だろうか。銀座のジャズ喫茶「ACB（アシベ）」でフォー・ナイン・エースの演奏を眺めていた。ふと店内を見渡した際、そこに客として来ていた一人の少女に目を奪われた。

演奏に合わせて全身でリズムを取っていたのだが、動きはしなやかで、リズム感も素晴らしい。きめ細かく、透き通る肌からは、男を狂わせる媚薬が発散され続けているかのようである。これはバンドの追っかけをさせておくにはもったいない。

「芸能界に入らないか？　君ならスターになれる」

出会って30分後には、私は彼女を口説いていた。

聞けば、彼女の父親は米軍の兵士で、母親は日本人。大人びた雰囲気をしていたが、当時まだ中学2年生だった。

「やってみたい。でもママと相談しないと…」

父親は幼いルミと母親を残して祖国に帰り、顔も名前も知らないという。翌日、ルミと母親が私のもとを訪ねて来た。

「どうぞ、よろしくお願いします」

大事な娘を「新米マネージャー・上條」に預けることを承諾してくれたのだ。

この少女をスターに育てるため、私は父親役となってすべての面倒を見た。

米軍基地の街・横須賀に住んでいたルミを私のもとに呼び寄せ、中学も四谷第二中学校へと転校させた。家にいる時は私みずからがコーチとなってレッスンを行なったが、学業もきちんと両立させることが、〝東京の父〟としての務めだった。

そんな折、学校の教師から電話が入った。ルミが無断欠席を続けているという。

私は耳を疑った。てっきり毎日通学していると思ったのだが…。

「行ってきま〜す」

家内が作った弁当を持って出かけていくルミを尾行すると、彼女が向かったのは四谷ではなく新宿だった。しばらく喫茶店で時間を潰すと、今度は銀座へと移動して「ACB」に入っていくではないか。

あとで知ったのだが、実はルミは学校でいじめにあっていたという。まだ戦争の記憶が残る当時は、ハーフへの風当たりは強く、彫りの深い美しい顔は憧れではなく、好奇の目にさらされた。「戦争の落とし子」と呼ぶ者さえいたものだ。

自然と学校から足が遠のくのも無理はなかった。

その夜、そんな事情があったことも知らない私はルミを問い詰めた。

「学校にはちゃんと行ってるか？」

「うん、行ってるわ」

バチッ！

手加減なしのビンタだった。

ふと見れば、ルミの頬が赤く染まり、恐怖に打ち震えていた。

他人様の大事な娘を預かっている責任感があった。だが、怒らなければならない理由はそれだけではない。芸能界を生き抜くために「中途半端」は許されない。

そのことを知ってもらいたかったのだ。

その後、一度は実家に戻り、それでも芸能界への道をあきらめられなかったのだろう。母親同伴で訪ねてきたのだが、そんなルミを私は激しく叱った。

「その程度の根性なら、芸能界なんてやめちまえ！　食うか食われるかの世界に飛び込むのに、そんなハンパで通用するか！」

私は真剣だった。ルミもようやくそのことに気づいてくれた。

「わかったわ、ボス」

心から信頼を寄せ、「ボス」という呼び方に変わったのもそれからだった。

とはいえ、これで問題が解決したわけではなかった。

「なぜ学校に行きたくないのか」

こう問いただすと、ルミは目に涙を浮かべて訴えた。

「みんなが私をいじめるの。小学校の時もそうだった。だから学校なんて行きたくない」

気づいた時には、私はルミの手を握りしめていた。

「誰もお前の本当の魅力を知らないだけなんだ。よし、わかった。俺がお前を守ってやる。明日から俺がお前のボディガードだ。何も心配するな」

今でも無茶なことをしたと思っている。翌日から私は彼女について、四谷第二中学校に通うことにしたのだ。

いい年したおっさんが、中学校の教室に入ってきて、いちばん後ろに立って用心棒気取りでずっと授業を眺めている。当時の生徒からすればいい迷惑だったろう。

教師も最初は驚き、呆れていたが、そのうちすっかり打ち解けて、いつしか私は学校の名物おじさんになってしまった。そうこうするうちにルミもクラスメートたちに受け入れられ、気づけばクラスの人気者になっていた。

今でもよく覚えている。ルミの中学校の卒業写真には、私の姿がちゃっかりと写りこんでいたものだ。

つらい少女時代を送り続けていたルミが、ひとつでも明るい思い出を作れたら――。ルミの幸せは私の幸せでもあった。

マネージャーは命がけの商売

１９６８年にフジテレビの歌番組「ビートポップス」でバックダンサーとしてテレビデビューを果たしたルミは、芸能界の厳しさを身をもって味わうことになる。

いくら一生懸命に踊っても、スポットライトはなかなか当たらない。しかしそれは当然のことで、デビューしたてのひよっこがそう簡単に注目されるはずがない。

タレントに必要な気質は一にも二にも「負けず嫌い」だと私は思っている。

ルミはいざテレビに出始めると、「もっと注目を集めたい」「ナンバーワンになりたい」という欲求を前面に押し出すようになった。

「もっとダンスが上手になりたい」

こう聞けば、中学生にもかかわらず、ディスコに何度も連れて行った。私が犯罪者に見えたのか、時には警察から事情聴取を受けるハメになった。

「あんた、この子を使って何か悪いことでもしてるんじゃないか」

渋谷警察署の刑事にこう言われて、カッとなった私は胸ぐらにつかみかかっていた。そばではルミが署の机に落書きをしているし、なんとも厄介なコンビだったに違いない。

「この子は大スターになるんだ。犯罪者扱いしたことを絶対に後悔させてやるからな」

署を出る時は捨て台詞を忘れなかった。

こうした悔しさをバネに、私は当時のナンバーワン芸能誌「週刊明星」の編集部に毎日のように足を運んだ。

明星のグラビアにルミを載せてもらう――。

この一念で、「特攻隊あがりの鬼」と恐れられた編集長・木村さんのもとへ行ってはお茶くみをしていた。

「木村編集長！　上條がお茶くみに参りました！」

芸能界では注目された者が勝ちである。ならば、マネージャーも注目を集めてこそ、大きな仕事を取ってこれる。怖いもの知らずの精神でぶつかっていったことで次第に目をかけてくれるようになった。

「お前はおかしな奴だな」

木村さんは、最後にはこう言ってルミのためにカラーグラビアを３ページも用意してくれたのだ。そのおかげで、のちにルミは表紙を飾るまでの人気を獲得していった。

中学を卒業したルミは、本格的にタレント業をスタートさせる。松竹映画「ケメ子の歌」（１９６８年）の主役に抜擢され、スターへの階段を一気に駆けあがっていく。

苦労して育て上げたタレントが、芸能界に羽ばたいていく。その喜びは何物にも代えがたい。

マネージャーは過酷な仕事だ。休みはない。給料も高いとは言えない。それでも若者たちが大手芸能プロダクションの入社試験に殺到していると聞く。

「タレントと知り合いになりたい」

「映画やドラマの現場に入りたい」

当然、中途半端な気持ちでこの世界に入ってくる者も多い。私は彼らに問いたい。タレントのために命を張る覚悟はあるのか――と。

私はルミのために、本当に死にかけた経験がある。

ルミが居候暮らしから抜け出し、渋谷にマンションを借りて自立すると、男の影がチラつき始めたのだ。人気映画「ドリフターズですよ！」シリーズへの出演も決まり、まさにこれからというタイミングだった。恋愛スキャンダルが表沙汰になれば命取りにもなりかねない。

私はルミのマンションに乗り込んだ。

　すると案の定、部屋には二十歳そこそこの青年がいて、驚いた顔で私を見ている。

　もし青年が本当にルミが好きで、彼女を幸せにしてくれるなら、私はルミを引退させて、彼女のマネジメントから完全に手を引こうとさえ思っていた。

「君はルミが好きなのか？」

「はい」

「まさか遊びじゃないだろう。どのくらい好きなんだ？」

「死ぬほど好きです」

「その言葉に嘘はないな！」

　そう叫ぶと、私はそばにあったハサミを手にしていた。そしてその刃を自分の左胸に突き刺したのだ。

　ドクドクッ。

　その時に着ていたシャツが鮮血で真っ赤に染まっていく。胸からハサミを引き抜くと、さらにおびただしい量の血があふれ出してきた。

「ならば俺と同じことができるはずだ。さあ、やってみろ」

血まみれになったハサミを突き出した時、男はすでに失神していた。

「この程度か…」

バチンッ！

残る力を振り絞って、ルミに平手打ちを食らわすと、そこで意識を失いかけた。

私はすぐに病院へと担ぎ込まれることになる。

「あなたムチャクチャですよ。あと1センチ深かったら死んでましたよ」

医師にはさんざん説教されたものだ。

それからのルミは人が変わったように、仕事に打ち込み、それからの2年間で8本の映画に出演。70年代には歌手としても頭角をあらわしていく。

五十嵐じゅんのスキャンダル写真

小山ルミと同い年の五十嵐じゅん、のちに淳子と改名するが、彼女のスキャンダルにも泣かされたものだ。

じゅんは私がスカウトしたわけではない。

どういった経緯で知り合ったかはわからないが、デビュー前のじゅんは映画「不良番長」でブレイクしていた梅宮辰夫によくなついていた。梅宮を「お兄ちゃん、お兄ちゃん」と慕って、どこに出かけるにもついてきたという。その梅宮からの頼みだった。

「こいつの面倒を見てやってくれないか」

梅宮の横にいる17歳の少女を見て、私は目を丸くした。

髪は金髪。化粧はケバケバ。とても10代には見えなかったからだ。しかしよく見ると、クリッとした大きな瞳に、ポッテリとした唇と、男が惚れる要素をふんだんに持ち合わせていた。

ハッキリと金髪に染め抜かれた髪を戻すために大変な苦労を要した。1回ではとても染めきれない。黒髪に戻すために3軒の美容室をハシゴしたほどだ。

「今日から君は生まれ変わるんだ。過去はすべて捨てるんだ。いいね？」

不良少女を清純な少女に仕立てるために、イチから熱心に教育したものだ。言葉遣いから箸の持ち方、あいさつ、人前での振る舞い…。何度教えても直らないので、それこそ夢に出るほどだった。

「じゅん、ダメだ……。お願いだから…じゅん」

毎晩のように寝室でこんな寝言をつぶやくものだから、女房もたまったものじゃない。じゅんのマネジメントは離婚の大きな原因でもあった。

そしてじゅんがデビューしてしばらく経ったある時、長くつきあいのある女友達から1本の電話が入った。

「上條君、渋谷のホストがじゅんのヤバイ写真を週刊誌に持ち込んだそうよ」

それはじゅんの不良時代を知っている私にとっても衝撃的な写真だった。芸能界に入る前に、ホストなんかと遊びまわって…。おまけに写真まで撮られていたとは…。いらだつ気持ちを抑えながら、現場マネージャーのK君を連れて、写真が持ち込まれた「週刊女性」の編集部に出向いた。

相手は百戦錬磨の週刊誌の編集長である。せっかくのスクープを〝なかったこと〟にしてくれと言うのだ。私はただ土下座するしかなかった。

「どうか、勘弁してください。こんな写真が出たら、じゅんは終わりです」

「そうは言ってもねえ…」

　この写真が掲載されれば、雑誌は飛ぶように売れるだろう。もし私が編集長の立場なら有無を言わせず掲載に踏み切っていたに違いない。

　それでもＫ君と一緒に頭を下げ続けるしかなかった。

「そろそろお引き取り願えませんか」

　床に頭をこすりつけていた私は、その時に覚悟を決めた。編集長の胸ぐらをつかむと、窓のところまで引きずっていった。

「どうしてもじゅんの写真を載せると言うなら、一緒にこの窓から飛び降りる。アンタも道連れだ」

　編集部は2階にあった。だが、下はコンクリート。落ちれば軽いケガで済むはずがない。

　死んでもいいと思った。犯罪者になって刑務所に入ってもいいとさえ思った。

　真剣さが伝わったのか、編集長は黙って頷き、掲載を見送ってくれた。

近年は「文春砲」に代表されるように、部数に結びつけば芸能人の「不倫」「下半身事情」といったスキャンダルが容赦なく暴かれる時代のように映る。これまで数々のヒットソングを手掛けた小室哲哉が不倫スキャンダルをきっかけに引退を表明したが、たった数ページの記事が、芸能人の〝生き死に〟にかかわることを、当時の雑誌編集者は理解してくれていたように思う。

記事をストップしてくれたケースは稀にしても、ヒザを突き合わせれば、多少の温情はかけてくれたものだった。

もしあの写真が掲載されていれば…と今でも思う。

じゅんにはさんざん泣かされたが、女優としての伸びしろは十分にあった。ドラマの現場に立ち会い、私はことあるごとにダメ出しをした。

そんな私とじゅんに目をかけてくれたのが女優の悠木千帆だった。のちの樹木希林である。彼女はこう助言してくれたものだ。

「上條さん、こういう子は上から押しつけちゃダメ。やりたいようにやらせてあげて」

私は樹木希林の言葉を受け入れ、それからはあまり口出しするのをやめた。

すると、どうだ。演技がメキメキと上達したばかりか、バイタリティあふれる女優に急成長。なんと大作家・渡辺淳一の家に押しかけ、直談判して映画「阿寒に果つ」（1975年）のヒロインの座を射止めてしまった。

天使と悪女の顔を使い分け、大女優への道が拓いたかに思えたが、俳優の中村雅俊と結婚してあっさりと家庭に入ってしまった。

この一件で、私が誇れるのは、一緒に土下座をしたK君が、その後マネージャーとしてメキメキと実力を上げて、現在は中堅芸能プロの社長におさまっていることだ。

タレントを守るということがいかに大変なことか。私とともに修羅場をくぐり抜けたことで、身をもって学んでくれたと思いたい。

＊

当時の私といえば、街を歩けば、無意識のうちにアイドルの原石を探していたものだ。

日活ロマンポルノの草創期を支えた田中真理も、私がスカウトした女優の一人だ。

確か1967年頃だったと記憶している。私が住んでいた目黒のマンションの2軒隣に「田中薬局」という薬屋があり、そこでよくお店の手伝いをしていた娘さんが何を隠そう、田中真理だったのだ。

ロシアの血を引く田中の第一印象は、一度見たら忘れられない顔――。タレントに必要な、強烈なインパクトがあった。

「女優にならないか」

声をかけたら本人もノリ気で、日活への入社を即決。「女番長　仁義破り」（1969年）で映画デビューすると、その2年後には「セックス・ライダー　濡れたハイウェイ」で主役を張るまでに成長した。テレビの世界では、スポ根ドラマ「サインはV」で重要な役を演じるなど、結婚して家庭に入るまで、およそ10年にわたって第一線で活躍を続けた。

そしてもう一人。田口久美は日米のハーフで、デビュー前は六本木交差点近く

の化粧品販売店で働いていた。そのさっそうとした身のこなしや、艶を帯びた表情から、スターの可能性を嗅ぎとった私は、

「俺についてこい」

この一言で、販売の仕事をやめさせたのだ。田口久美に限らず、女優を志す者にはいつもこう話していた。

「お前は人気が落ちていって脱いでいく女優になるのか。それともどんどん着ていく女優になるのか。どっちになりたいんだ」

女優にとって裸になるシーンやラブシーンはつきものだ。だが、女優である前に女性である。カメラや人の前で脱ぐのは相当の覚悟と勇気がいることを私は誰より理解しているつもりだ。

それでも、女優という生き物は、台本を読んで登場人物になりきってしまえば、恥じらいなどどこかに吹き飛んでしまうと私は思っている。

田口は主演デビュー作となった「東京エマニエル夫人」（1975年）で、体当たりの演技を見せて、映画は大ヒット。配給元である日活の株価を13円も押し上

げた功労者として名を上げると、村川透監督の「白昼の死角」（１９７９年）に起用されるなど、女優としてのキャリアを積み上げていった。

女優ではないが、「時には母のない子のように」（１９６９年）で知られる歌手のカルメン・マキも私がスカウトした。

場所は渋谷の東映映画館前にあったディスコ。彼女もまたハーフで、私はすぐに芸能界入りをすすめた。実際に歌を聞くと、かなりの素質を秘めていた。すぐに歌手デビューを打診すると、

「歌はやりたくないの…」

と言うので、芝居に強い事務所をすすめたのだが…。デビュー曲「時には母のない子のように」がいきなりミリオンを記録。その年の紅白歌合戦にも出場しているではないか。

どんな心変わりがあったのかは知らないが、私がスカウトした中ではもっとも〝大化け〟したタレントだったかもしれない。

浅田美代子と安西マリア

１９７３年に「赤い風船」で日本レコード大賞新人賞を獲得したのが浅田美代子だ。その年は私が育成した安西マリアが「涙の太陽」で同じく新人賞を獲って、マネージャーとしては栄えある「ダブル受賞」をもたらしてくれた〝功労者〟だ。

浅田美代子をスカウトした時のことは今でもよく覚えている。何しろ彼女は、のちに私の２番目の奥さんとなる女性と同じ女子高に通っていたのだから。学年は浅田が２年後輩だった。

声をかけたのは神宮前のあたりだったろうか。

名門の女子高の制服に身を包んだ彼女は、まさに「美少女」のオーラ十分で、周囲の視線を一身に集めていた。

そんな彼女に話しかけると、なんとちょうど私が手がけていた西城秀樹の大ファンだと言うではないか。すでに

秀樹のライブに何度も足を運んでいるという。

「それならいつでも秀樹に会わせてあげるよ」

こう言うと、それまで芸能界にはほとんど興味がなかった浅田も「それなら…」とまんざらではない様子だった。

私はさっそく浅田美代子の写真を芸映の幹部社員に見せると、トントン拍子で話は進んでいった。

だが、浅田のデビューには大きな壁があった。

浅田の母親が芸能界入りに猛反対していたのだ。逆に父はというと、「いいじゃないか」と積極的に後押ししていた。

そうしたハッキリとしない状況にもかかわらず、芸映は当時の人気ドラマ「時間ですよ」のオーディションへの参加を提案する。浅田はそこで2万人以上の中からみごと新人の出演者に選ばれたことで、芸能界入りへの決意を固める。

ドラマ「時間ですよ」では両親を亡くし、銭湯で働く美少女を演じた浅田だが、実生活の面では、彼女のデビューをめぐって両親が対立。何かと口争いが絶えず、結局は離婚してしまったようだ。

そして西城秀樹が映画「愛と誠」（１９７４年）で主演を務めた際、私はどうしても浅田にヒロイン役をやらせたかった。そもそも彼女は秀樹に憧れてこの世界に入ったのだから、スカウトした私としてはせめてもの責任のようなものだ。

だが、オーディションで選ばれたのは早乙女愛で、浅田は涙を飲んだ。

歌手としても女優としても才能はピカイチだった。そして彼女の演技の才能を大きく評価し、ことあるごとに面倒を見てくれたのが樹木希林だった。

彼女には五十嵐じゅんと同様、何度ドラマの現場でありがたい助言と励ましの言葉をかけてもらったことか。感謝しても感謝しきれない。

＊

私がスカウトしたタレントで忘れられないのが川島なお美だ。

その時はちょうど「ゴーイン・バック・トウ・チャイナ」の鹿取洋子（１９８０年デビュー）やテレビ「11ＰＭ」のカバーガールだったセーラ・ロウエルを売り出していたため、レッスンやマネジメントは紹介したプロダクションに丸投げだったが、1979年に「シャンペンNo.5」でデビューしてからの活躍は耳に入っていた。

深夜ラジオでは女子大生DJの走りとして、「深夜のオナペット」の名をほしいままにして、「お笑いマンガ道場」のレギュラーをはじめ多くのバラエティで活躍。かと思えば「GORO」や「スコラ」でキワどいグラビアに挑戦し、さらにはヘアヌード写真集まで出してしまう。

そんな彼女の第一印象は、とにかくやる気十分で常に前向きな女性。性格はまさに芸能界向きだったのだろう。

だからこそ、一時は「忘れられた存在」と言われながらも、裸になるのもためらわず作家・渡辺淳一作品に飛び込み、みごとにその主演作で復活を遂げることができた。まさに一級品のハートの持ち主だった。

2015年に病で他界してしまったが、あのバイタリティはすべての女優のお手本となることだろう。

松平健との因縁

さて、小山ルミと五十嵐じゅんのスキャンダルにはさんざん頭を悩ませたが、吉沢京子に関しては、ほとんど手がかからない、まさに純朴を絵に描いたような少女だった。

オーディションに連れて行っても、

「どうして私がこんなところにいるのかわからない」

という表情を浮かべていたのが忘れられない。純情派のキャラクターから、「第二の吉永小百合」とも呼ばれたものだ。

12歳かそこらで芸能界を目指した理由は家庭環境にあった。

幼くして父親が蒸発してしまったため、京子の母親は女手ひとつで彼女を育て上げた。それこそ旅館に住み込みで働き、毎日の雑巾がけで手はボロボロだったという。

小山ルミが「ボス」と呼んで以降、どのタレントもその慣習にならったが、京子だけは「上條さん」という呼び方を変えなかった。

ある意味、芸能人らしくない礼儀正しさは京子の武器でもあった。

テレビ朝日のホームドラマで女学生を演じた際、セーラー服がとてもよく似合っていた。はじけるような笑顔で「ただいま！」と言う姿は、まさに「下町の孝行娘」だった。

この作品をきっかけに、老若男女から高い支持を得た京子は、その後にドラマ「柔道一直線」でヒロイン役を務めて人気を獲得。だが、あどけない顔立ちから、まわってくるのは優等生的な役ばかりで、なかなか清純派の殻を破れずにいた。そんな京子も、中村勘三郎（18代目／5代目中村勘九郎）との初恋を経験して、少しずつ変わっていった。

2人の恋は京子が身を引くことで終わったようだが、2012年の勘三郎の葬儀に出席したことからも、単なる初恋の相手では片づけられなかったのだろう。

さて、そんな京子が初めて男を知ったのは19歳くらいの頃だったと思う。相手は俳優の松平健。ドラマで共演したのをきっかけに、２人はすぐに恋仲になった。

私は遠くから恋の成り行きを見守っていた。京子は松平健からマンションの合鍵をもらい、一時期は半同棲のような状態になった。

２人とも顔が売れていたので、外でデートなどして、週刊誌の餌食になるよりはいいかと黙認していたのだが…。

ある日、突然、京子から電話がかかってきた。

「上條さん、今すぐ来て！」

言われるままに指定された場所に向かうと、そこには泣きじゃくれた京子がいた。

私の胸に飛び込んで、ひとしきり泣き終えると、私の服には彼女の涙で大きなシミができていた。それほどの大失恋だったのだ。

聞けば、いつものように京子が松平健のマンションに行くと、そこには別の女がいたという。しかもベッドルームで、アノ行為の真っ最中というではないか。人を疑うことを知らない純朴な京子が、ショックを受けないはずがない。

この破局から何とかして立ち直った京子は、その後も映画などで活躍。私生活では会社員と結婚して一児をもうけ、今も芸能の仕事を続けている。

さて、それから何十年も経ってからのことだが、松平健に再び苦汁を味わわされることになる。

松平健は宝塚出身の妻・大地真央と2004年に離婚。その翌年に後妻として入籍したのが、80年代にアイドル歌手としてデビューし、女優として活動していた松本友里である。友里は私がスカウトした縁もあって、ちょくちょく相談を受けることがあった。

松平の子を産み、家事に専念していた友里だったが、2010年に実母を亡くしてからは、精神的にかなり落ちこんでいた。

「健さんに相談しているんだけど、ぜんぜん私の話を聞いてくれないの」

こんな愚痴をよく聞かされていたのだが…。

友里がドアノブで首を吊って自殺したのは、それからしばらくしてからだった。

京子との一件もよみがえって、私ははらわたが煮えくり返る思いだった。

「あの野郎、俺の大事な子を２人も不幸にしやがって！　許せない！」

これから事務所に乗りこんでやろうか、それとも過去のスキャンダルを週刊誌にブチまけてやろうか。そんなことを考えていると、松平健の元マネージャーが私のもとを訪ねてきてこう言うではないか。

「お怒りになるのはごもっともですが、なんとか勘弁してもらえませんか。もう過ぎたことじゃないですか。ここは私に免じて…」

何度も頭を下げられても、怒りは収まらなかった。

私が死ぬまでにどこかで公にしたかったので、まさに今は溜飲が下がる思いである。

前代未聞の「脅迫事件」

男性問題で、もっとも後味の悪い思いをしたのは安西マリアかもしれない。

デビューのいきさつについては後述するが、彼女は1973年の日本レコード大賞新人賞に輝き、ドラマや映画にも出演。「まさにこれから」というタイミングで、つまずくことになる。

マリアが所属していた事務所の社長は、元暴力団幹部という過去を持つ人物だったが、実際に会ってみると、これがなかなかの好人物だった。

もちろん、自分の過去をひけらかすこともない。

広島弁が抜けきらず、畑違いの芸能界で周囲から失笑をかっても、むしろ誇りとして広島弁を使っていたような人間で、それがかえって親しみが持てた。カタギとして真面目にがんばろうと、いろんなことを学ぼうとしていた姿が印象的だった。

そしてマリアはこの事務所に入ってから、あろうことか担当マネージャーとつきあうことになる。

大人の男女なのだから、とやかく口をはさむべきではないというのが私の考えだが、この2人のケースは事情が違った。

恋愛にのめりこむあまり、2人で仕事に穴を空ける大失態を犯してしまったのだ。

そのことは当然、社長の耳に入ることになり、

「おい、ダメじゃないか」

と、マリアの恋人兼マネージャーを軽くこずいてしまったのだ。もし私が社長の立場なら、同じように手を出していただろう。

だが、マリアはすっかり芸能人としての自覚を失っていた。

「元ヤクザの社長に暴力をふるわれた」

世間にこう訴えれば、マスコミが放っておくはずがない。前代未聞の「脅迫事件」として取り上げられ、マリアは悲劇の主人公に、そして社長は一方的に悪者にされてしまった。

結果的に、社長はマリアに対する強要・暴行の容疑で逮捕され、拘置所に拘束されることになった。この事件をきっかけに、その社長は芸能界から身を引き、

プロダクションも潰れてしまった。

私がスカウトしたタレントの結末としては、一番苦い思い出かもしれない。

＊

対照的に、多くの男たちと浮名を流しながらも、きれいさっぱりと誰にも迷惑をかけずに芸能界から身を引いたのが小山ルミだ。

噂になった芸能人は数知れない。石坂浩二、北大路欣也、萩原健一、加藤茶、谷隼人…。その中でも本気で惚れたのは、石坂浩二と加藤茶の2人だった。加藤茶とは結婚まで話が進んでいたが、最後の最後で破談になってしまった。この破局で、ルミは加藤とも芸能界とも縁を切る決意を固めた。

「もう誰にも会いたくない。最後に『サヨナラ』を言いたいのはボスだけ」

そう言って、母親とともにアメリカに発ってしまった。1974年のことだ。

何しろ私が13歳の時に見出し、父親のように接し、ゼロから教えこんで売り出した女性タレント第一号である。空港で母娘を見送った時の喪失感は今でも忘れられない。

その後のルミについて、ロサンゼルスで宝石デザイナーと出会い、幸せな結婚をしたとの報告を受けた。再会したのは別れから9年後のことだった。

つねづね、ルミはご主人にこう話していたそうだ。

「日本ではいろいろあったけど、今の自分があるのは、上條英男という人のおかげ。私はボスと呼んでいたんだけど、近いうちに絶対に会いに来るはずだから、彼へのプレゼントを作っておいてほしいの」

ロサンゼルスでルミから手渡されたのは、「ＢＯＳＳ」と英語で彫られたペンダントだった。

ご主人もルミから聞いていたのだろう。私とルミが芸能界で経験した壮絶な9年間のドラマを…。そのペンダントにはまさに夫婦の感謝の気持ちが詰まっているようだった。

そのペンダントは、けっして手放すことのない、私の宝物である。

第4章

一匹狼の闘い

イザワオフィス井澤健社長の原点

私はずっと一人でやってきた。

だが、小山ルミと吉沢京子のマネジメントにかかりきりになっていた当時、個人の力に限界を感じ始めていたのも事実だった。

「上條、俺と一緒にやらないか?」

ある男に声をかけられたのは、1960年代の終わり頃のことだろうか。

現イザワオフィスの井澤健社長である。

当時の井澤氏は、渡辺プロダクションのスタッフとして、ジャズ喫茶で出演タレントのスケジュールを切っていた。

*

ここで渡辺プロダクション（ナベプロ）についての説明が必要だろう。1955年に渡辺晋・美佐夫妻によって設立された渡辺プロダクションは日本の芸能事務所の草分けだ。ショービジネスの礎を築いた渡辺晋氏は早稲田大学在学中に「渡辺晋とシックス・ジョーズ」を結成。みずからもベーシストとしてステージに立った。その頃から私にとっては神様のような存在で、私自身、渡辺プロダクション所属のフォー・ナイン・エースのメンバーだった時には大変お世話になった。

渡辺晋氏はいち早くアメリカのロカビリー音楽に着目し、１９５０年代に爆発的なロカビリーブームを生み出したカリスマである。妻の美佐氏は１９５８年から一大イベント「日劇ウエスタンカーニバル」を手掛け、業界では〝ロカビリーマダム〟の愛称で知られ、渡辺晋氏亡き今も、日本の芸能界に大きな影響力を及ぼす人物である。

そんな渡辺夫妻の自宅に居候をしてイチからショービジネスを学んだのが井澤健氏であった。最初は社員でもなんでもない。ただの小間使いに過ぎなかった。

井澤氏に与えられた仕事は、渡辺プロダクション所属の山下敬二郎さんのバンドボーイ、要するに使いっ走りだった。山下敬二郎さんといえば、前述の「日劇ウエスタンカーニバル」への出演をきっかけに、一躍スターにのぼりつめたロカビリーの先駆者である。持ち歌はポール・アンカの「ダイアナ」の日本語カバーで、ミッキー・カーチス、平尾昌晃とともに「ロカビリー3人男」として一世を風靡する。だが、井澤氏がついた山下さんの横暴さは有名だった。ステージで女性ファンから黄色い声援を浴びる姿からはまったく想像がつかないだろうが、それはもう鬼軍曹のようだったと聞いている。

そもそも当時のバンドボーイというのは「奴隷以下」の扱いを受けて当然と思われていた。

かくいう私も「ナンバ一番」でバンドボーイをしていた頃は、金がなくてろくに食事もとれなかった。

私はよくタレントに出前を頼まれていたが、わざと出演時間ギリギリに届くようにしていた。そうすると、タレントたちは食べる時間がない。あわててラーメンをかきこむのだが、どうしても全部は食べきれない。私はその食べ残しでなんとか食いつないでいくことができた。用事を頼まれて移動する際、電車はいつもキセルか無賃乗車だったのを今でもよく覚えている。

トマホークが飛んできた

そうしたバンドボーイ事情があったにせよ、山下敬二郎さんのバンドボーイは、それはもう地獄だったに違いない。とにかく感情の起伏が激しく、カッとなったら手がつけられない。暴力は日常茶飯事で、人間を人間と思わないところがあった。

山下敬二郎さんについては、私自身、強烈な思い出がある。ある日、山下さんに呼び止められ、

「オイ、ボーヤ。この背広を持ってろ」

と投げられたスーツを手にすると、ズシンと重みがあった。ちょっと触ると、何やら固い物が入っていた。なんだろうと思って、ポケットの中を見ると、それはドスだった。驚いた顔をしていると、

「そんなものに驚いてどうする。おい、ちょっと来い」

こう言うので、車まで歩いていくと、後部座席に日本刀が２本置かれているで

はないか。私はそれを見て腰が抜けそうになった。だが、よく考えるとそれらの武器は、必需品であったのかもしれない。

なぜミュージシャンが〝武装〟していたのか。

当時のファンは恐ろしく狂暴だった。今のジャニーズの追っかけなど比ではない。ライブ会場でロカビリーに酔ったファンが暴れると、もはや手がつけられず、演奏などまったく聞こえない。機動隊でも鎮圧できたかわからない。それほどの騒ぎだったのだから、歌手たちはステージの外でもさんざん泣かされたものだ。

ライブ会場の楽屋から車に移動するのも一苦労だ。少しでもスキを見せると、あっという間に暴徒と化したファンが群がり、上着からシャツ、靴、楽器までかっさわれてしまう。まるで戦争だった。

前置きが長くなってしまったが、こんな状況だったから、山下さんが常に武器を携帯していた事情もわかる。だが、井澤氏はそんな山下さんにあやうく殺されかけたことがある。

あれは忘れもしない大阪の北野劇場での出来事だ。付き人の井澤氏が楽屋で寝ている山下さんを起こしに行った時のこと。

「敬さん、そろそろ時間です」

井澤氏がノックをしてそっとドアを開けた。すると、彼の顔面めがけてトマホークがうなりをあげて飛んできた。トマホークとは、あのインディアンが戦いや狩りに用いていた斧である。幸い、トマホークは井澤氏に当たることなく、ドスンと大きな音を立てて壁に突き刺さった。当時、山下さんはファンの「襲撃」に備えて、枕元には常にトマホークを隠し置いていたという。

そんな山下さんを起こすのは命がけだったという。だが、寝ているのを起こされて機嫌が悪いとかそういう次元の話ではない。当たったら本当に死んでいただろう。

それにしても私はとんでもない光景を見てしまった。

山下さんの人気はすさまじく、昼夜10回のステージをこなすことも珍しくなかった。それだけの殺人的スケジュールをこなしていたからといって、そんな暴挙が許されるわけではないのだが…。

ゴールデンハーフ結成秘話

話は逸れたが、私はそれだけ井澤氏という男を買っていた。マネージャーとして同じ時代を生き、ともに苦労を乗り越えてきた仲だからこそ、私は快く井澤氏の誘いを受けることにしたのだ。

だが、その前に話を通さなければいけない男がいた。田辺エージェンシーの田辺昭知社長である。その頃、田辺氏はすでにホリプロから独立し、自分の城を構え、井澤氏より先に私にこう声をかけてくれていたのだ。

「上條、俺に力を貸してくれ」

私自身、田辺氏の実力と人柄を誰よりも認めていた。

田辺氏はもともとはバンドマンだった。1961年にスパイダースを結成して、ドラムを担当。その後、堺正章や井上順らが加入し、1966年発売の大ヒット曲「夕陽が泣いている」でスターダムにのし上がる。メンバーでありながら、プレイングマネージャーとして経営手腕を発揮し、田辺エージェンシーの基盤を築いていったのだ。

田辺氏といえば、タレント思いの経営者として知られている。会社名に「エージェンシー」とつけたことについて、

「うちはプロダクションというより、タレント代理人ということです。ビジネスの主体はあくまでタレントなんです」

こう打ち明けてくれたものだ。

また、週刊誌のスキャンダル報道についても、親しいマスコミ関係者にこう念を押していた。

「ロマンスとか熱愛とか、それが事実なら書いても構わない。しかし別れる時のことを書かれるのは、タレントにとってとても辛いものだ。だから破局を報じる時は、どうかタレントの気持ちに配慮して書いていただきたい」

田辺氏はとにかく多才で、放送作家としての顔も持つ。田辺エージェンシーに所属するタモリのために「タモリ倶楽部」「ジャングルTV～タモリの法則～」な

どのヒット番組を手掛け、周囲を驚かせたものだ。

そういうわけで、芸能界でも人脈が豊富な田辺氏の了承なしには、井澤氏と2人で独立することなどありえなかった。

井澤氏と私は2人で、世田谷にある田辺氏のもとを訪ねた。

「ショウちゃん（田辺）、上條と仕事をさせてください」

涙ながらに訴える井澤氏を前に、田辺氏はこう言うのだった。

「上條、しょうがないから井澤と仕事をしてやれ」

こうして井澤氏と私は渡辺プロの子会社として「サンズ」を設立。私がマネジメントしていた小山ルミと吉沢京子を連れて行ったことで、人気タレントを抱えた状態でスタートを切ることができたのだ。

新会社で最初に手掛けたのが、ゴールデンハーフというアイドルグループだった。

日本テレビの番組プロデューサーに、小山ルミを売り出した実績を買われて、

「おい上條、ハーフを4、5人集められないか」

とオーダーされたのがきっかけだった。歌番組を盛り上げてくれるお色気グループがほしいという。

最初に相談に行ったのが、オヒョイこと藤村俊二氏。彼は当時、ノジテレビの歌番組で振り付けを担当していたこともあって、多くのハーフタレントを抱えていた。

その中でもスタイルに恵まれたマリアとエバを選抜し、藤村氏に「彼女たちの力を借してください」と頭を下げると、

「ああ、いいよ」

と快く承諾してくれた。

藤村氏なしにゴールデンハーフは誕生しなかっただろう。２０１７年１月に鬼籍に入ったが、彼への感謝の気持ちは今も忘れない。

メンバーたちは快くゴールデンハーフへの加入を受け入れてくれた。やはり小山ルミをスターにした実績は大きかった。

たったひとつ、心残りがあるとすれば、あのアン・ルイスを参加させられなかっ

たことだ。

「お前はなんてキュートなんだ。ぜひ一緒にやろう」

アン・ルイスも入る気は満々で、日本テレビのプロデューサーからも了承を得ていたのだが…。結果的に加入の話は流れてしまった。作詞家のなかにし礼氏が彼女の面倒を見ていることがわかったため、遠慮することにしたのだ。

ちなみにエバはスペイン人とのハーフということで売り出したが、実のところ、父親はフィリピン人である。また、のちにスカウトしてメンバー入りした小林ユミは、イタリア人と日本人のハーフという触れ込みだが、生粋の日本人である。

テレビ初登場となった歌番組では床一面に銀紙を敷いて、その上でミニスカート姿で躍らせた。下着が見えるか見えないか、ギリギリの演出が話題を呼び、次第に世間から知られる存在となる。

ゴールデンハーフは、1969年にスタートしたザ・ドリフターズの超人気番組「8時だヨ!全員集合」でレギュラーをつかむまでにブレイクし、井澤氏と始めた新会社「サンズ」は軌道に乗っていく。

さて、当時の「全員集合」といえば、今さら言うまでもなく当時の超人気番組。そのレギュラーに抜擢されたのだから、傍から見ればこれは大変な栄誉である。

だが、私はいっさい妥協しなかった。

番組に出てもステージで歌を披露できるわけではなく、他の出演者と一緒に踊りの真似事しかさせてもらえない。私はそれが不服でならなかった。

「ゴールデンハーフは刺身のつまじゃないんだ。1分でいい。1分でいいから彼女たちのコーナーを作ってくれ」

だが、ディレクターはなかなかOKを出してくれない。

「こんなすごい番組に出られるだけでありがたく思えよ。コーナーなんてとんでもない」

しかし私は何度もかけあった。そのうち、歌のコーナーで「歌ってもいい」と了承を得ることができた。

だが、選曲でまたもや衝突することになる。

私がチョイスしたのは10年ほど前にヒットしたスリー・キャッツの「黄色いサ

クランボ」。歌の途中で、「ウッフ〜ン」「アッハ〜ン」という吐息まじりの歌詞があったことから、NHKでは放送禁止になったといういわくつきの曲である。

私がそのカバーを提案すると、当然ながら周囲は猛反対した。

「上條、お前は頭がおかしいんじゃないか。こんなにかっこいいハーフの女の子にそんなふざけた曲を歌わせてみろ。世間の笑い者だ。売れるはずがない」

だが、私は一歩も引かなかった。

「何を言ってるんだ。そのミスマッチなところがいいんじゃないか。流行は追うもんじゃない。作り出すものだ」

ゴールデンハーフのメンバーも「ボスの言うことだから間違いない」と後押ししてくれた。

結果的にその「黄色いサクランボ」が彼女たちのデビューシングルとなり、オリジナルの25万枚にも劣らないリバイバルヒットとなった。

＊

新会社で立ち上げたゴールデンハーフ。今だから明かせるが、メンバーは〝問題児〟ばかりで、私はほぼ24時間かかりきりの状態だった。

結成直後には、エリーというメンバーが日本テレビのリハーサル室で、レッスン中に泡をふいて倒れるという事件が起きた。事情を聞けば、「ハイミナール」を服用していたというではないか。当時は処方箋なしで買えた睡眠薬だが、「ハイな状態になれる」と若者の間で爆発的に流行していた、現代で言う合法ドラッグである。

「クスリに手を出す奴は置いておけない」

私はエリーをグループからはずし、４人での再スタートとなったが、その後もトラブルは続いた。

ステージの上で動きがおかしいことに気づき、目を凝らすと、なんとメンバーの一人がブラジャーをつけ忘れているではないか。慌てて楽屋にブラジャーを取りに行ったこともあれば、

「生理がきちゃった。タンポンがない！」

と言われて、本番中にかかわらず薬局に生理用品を買いに行ったこともある。

他のタレントに比べて、デビューまでの準備期間が少なかったのは大きい。プロとしての心構えができる前に、華やかな芸能界でチヤホヤされて、おかしくならないはずがない。

メンバーの中でもとくに手を焼いたのがルナだった。

彼女はストレスのはけ口を男に求めた。目を離さずにしっかりと監視していても、いつの間にか妊娠してしまう。産み育てる覚悟もなく、中絶することになるのだが、手続きには、はらませた男のサインが必要だった。相手の男も芸能人だったが、単なる「遊び」だったのは明らかだ。責任を追及したところで、しらばっくれるに違いない。

結果的に私が「父親」を演じて、一緒に病院へ足を運び、中絶手術を受けさせる。私も人の親として、けっしていい思いはしない。私は何度もルナに言った。

「頼むから、もう悲しい思いはさせないでくれ」

だが、それでも派手な交遊関係はおさまらず、その後、私は二度も父親役を演じることになる。中絶のサインをする際に医師から向けられた冷ややかな眼差しは、私の心に深く突き刺さった。

許せない「背信行為」

サンズは渡辺プロダクション内に間借りした小さな芸能プロであった。売上の一部を渡辺プロダクションに収めても、利益は十分に出た。やはり営業や経営に関して、井澤氏は天才的なセンスの持ち主だった。現場では私が生理用ナプキンを懐に入れて駆けずりまわり、井澤氏がそれをバックアップする。この分担作業はうまく機能し、サンズは徐々にデカくなっていった。

そこに入社してきたのが、のちに「イエローキャブ」を設立して巨乳ブームを巻き起こす野田義治氏だ。私が女性タレントに説教しているのを彼はいつも間近で見ていた。

「君はどんどん着ていくタレントになるのか。それともどんどん脱いでいくタレントになりたいのか。どっちなんだ」

私と過ごした数年間は、きっと大きな財産になったに違いない。かとうれいこ、雛形あきこといった人気タレントを手掛け、一時代を築いた。経営トラブルでイエローキャブを去って、現在はくしくも同じ社名の「サンズエンタテインメント」で会長を務めている。

井澤氏とサンズを起ち上げ、ほんの数年間ではあるが、私はマネジメントに集中することができた。といっても、先に書いたように、4人のおてんばに振り回されっぱなしではあったが。

その間、給与などは二の次で、寝食を忘れてマネージャーという仕事に打ち込んでいた。

だが、夢はいつかは醒めるものである。

ある時、旧知の業界人が私のところへやってきて、こう耳打ちしたのだ。

「おい知っているか。井澤はお前のおかげで2000万円の借金が返せたらしいぞ」

1970年代で2000万円といったら相当な金額である。聞けば井澤氏は、サンズを起ち上げる前に、銀座の高級クラブ通いで店に２０００万円のツケがたまっていたという。それも新会社を作ってからたった2年ほどで完済してしまったというではないか。現場で汗だくになって駆けずりまわっていた私への入金額を改めて調べると、どう考えても少なすぎる。

そもそも私は金への執着があまりない。

だが、義理や約束事に関しては人一倍うるさい部類に入るかもしれない。

井澤氏と２人で会社を作る時の、

「儲けは折半だ。２人で一緒にやっていこう」

あの誓いは何だったのか。

すぐさま井澤氏のもとへ行き、この件で問いただすと、〝疑惑〟はまったくの嘘ではないことがわかった。

井澤氏は謝意を見せたが、私の心はすでに彼から離れていた。嘘をつく人間とは仕事はできない。これはマネージャーとタレントの関係でも同じである。

私は再び一匹狼の道を選ぶことを決意する。

その後、井澤氏は1979年に「イザワオフィス」を設立し、渡辺プロダクションから晴れて完全独立を果たす。ザ・ドリフターズという国民的人気グループの活躍もあって、イザワオフィスは巨大プロダクションに成長していく。袂はわかったが、ともにゴールデンハーフを売り出した仲間である。しばらく経ってから、私が資金繰りに困っているのを知ってか、いくばくかの現金を黙って差し出してくれた。その際、しっかりと源泉分を引いていたのは懐かしい思い出だ。

舘ひろしを芸能界へ

1975年に結成された「クールス」。不良のかっこよさを前面に押し出して、ファッションや音楽性で一時代をリードした伝説のロックバンドである。しかしその原点は暴走族で、ならず者の集まりだった。

70年代後半に隆盛を迎えた日本の暴走族カルチャー。ブラックエンペラー、スペクター、ルート20、一寸法師といったグループが幅を利かせ、彼ら不良にとっては「反権力」こそがアイデンティティーであり、土曜の夜には都内各所の道路で我が物顔で暴走行為を繰り返していたものだ。

どのチームもよく統率が取れていて、先頭に立つ頭が指を２本出せば二列縦隊、細道に行けば指１本で一列縦隊というように、軍隊さながらのまとまりを見せることもあった。

その先駆けとも言える存在がクールスだった。

リーダーは舘ひろし。

彼はまさに芸能人になるべくして生まれてきたような男だった。

彼との出会いは今でも忘れられない。

当時、私はあるハーフのモデルをスカウトして、映画に出演させようとしていた。

「芸能界でお仕事をするなら、彼から許可を得ないといけないの。だから一緒に会ってください」

彼女に言われてその男と３人で会うことになり、原宿の喫茶店で待ちあわせることになった。そこへ黒のバイクでやってきたのが、まだ無名の舘ひろしだった。黒い皮ジャンに、黒のパンツ、そして黒のブーツと黒ずくめ。サングラスにリーゼントという不良スタイルがサマになっていて、私はすぐに彼の虜になった。横にいるハーフモデルのことなど頭から吹き飛んでいた。

「おい、映画に出てみないか」

これまで何人ものタレントの卵を口説き落としてきた私のまなざしに、彼は少しも動じない。

「芸能界なんて笑わせるぜ…」

何しろ当時のクールスといえば、泣く子も黙る暴走族。そのリーダーで、硬派を信条とする舘がそうやすやすと私の誘いに乗るはずもない。だが、私は何日もかけて彼を説得した。

最初は突っぱねていた舘だったが、しだいに私の言葉に耳を傾けるようになる。

メンバー思いの舘のことだ。グループのメンバーもまとめて面倒を見るという条件を出せば、きっと首を縦に振るに違いない——。こう確信した私は最後のツメに入った。だが、そこで思わぬ難題を吹っ掛けられることになる。

「俺はグループのリーダーとして責任がある。だから、あんたがどれだけ本気で俺たちのために体を張れるのか、試させてもらう」

舘が突きつけたテストは、メンバーが運転するバイクの後ろに乗って都内を走るというものだった。だが、度胸だめしと呼ぶには、あまりに危険なシロモノだった。

私がバイクの後部座席にまたがった瞬間、運転手を務めるメンバーが猛烈にアクセルをふかす。バイクはたちまち加速し、時速１６０キロ近いスピードで突っ走ったのだ。

サーキット場などではない。公道、しかも都心のど真ん中である。信号などはすべて無視。車が行きかう交差点に突入する時などは目など開けていられない。けたたましいクラクションが「死ぬぞ」「死ぬぞ」と警告しているように聞こえた。何しろ命がかかっているのだから、遊園地のジェットコースターとは比べものにならないほどの恐怖を味わうことになった。

どうにか無事に〝試験〟を終えた際には、寿命が3年は縮んだと思った。

舘の言うテストに合格したことで、クールスのメンバーの信用を得て、ようやくマネジメントをまかされることになった。

暴走族のリンチで総入れ歯に

「本当に芸能界でやる気がある奴は、バイクを売れ！　その金で楽器を買え！　これからのお前たちにバイクなど必要ない」

舘とメンバーたちを前に、私はこんな条件を突きつけた。

暴走族に「バイクを捨てろ」と言うのは〝死刑宣告〟に等しい。

今までバイクにかけていたすべての情熱を、音楽に注がなくてはならない。その覚悟だけで充分だったが、驚いたことに彼らは実際にバイクを捨てて楽器を取った。世間からは不良と呼ばれても、根は純粋で、素直な連中だと感心させられたものだ。

彼らの思いに全力で応えなければならない。

私が借りたヤマハのスタジオで連日連夜の猛特訓が始まった。

やはりリーダーである舘はルックスだけでなく、根性も並外れていた。何時間にもおよぶ発声練習にもけっして根をあげず、上半身裸で大声を張り上げ続けた。

「おい、タコの顔をしてみろ」

演技のレッスンでも、壁に向かって延々とタコの顔を続ける忍耐強さも持ちあわせていた。

今振り返ると、その時の私には何人ものタレントを育ててきた実績からくる、ある種の驕りがあったのかもしれない。もしくは自分を熱血先生か何かと錯覚していたのかもしれない。この勘違いが大惨事を招くことになる。

クールスを売り出すために、企画したのが関東全域の暴走族による一大ミーティングだった。この集会によって、非行に走る若者たちが本音で話し合い、その情熱を別の方向へ向けて改心させる。そして第二、第三のクールスが世に出れば、社会にも貢献できる。そんな思いがあった。

イベントに先駆けて、私は暴走族のリーダー20人以上を原宿の喫茶店に呼び出して何時間も説得を続けた。彼らは最初こそ半信半疑だったが、そのうち真剣に耳を傾けてくれるようになっていた。

「あんたの情熱はわかった。よし、ここはみんなで協力し合おうじゃないか」

会場は代々木公園に決まった。NHKのドキュメント取材と読売新聞への掲載も決まった。しかし、当日になって警察からイベントの中止命令が下ったのだ。

その日は2社以外にも多くのマスコミが集まったが、警察の介入を知ると、蜘蛛の子を散らすように、会場から姿を消していった。

「みんなすまん、だがこればかりは仕方がない。警察がダメだと言ってるんだから中止にするしかない」

集まったリーダーたちにこう謝罪したが、それで彼らの怒りが収まるわけがなかった。

「裏切り者」のレッテルを貼られた私は、それからしばらくして彼らの逆襲にあった。

夜、代々木公園の近くを歩いていると、突然、暴走族のメンバーに背後から襲われたのだ。

えり首をつかまれ、全身をチェーンでグルグル巻きにされた私は、30台ものバイクに囲まれ、そのうちの1台に引きずられる形となった。道路には釘やガラス片がばらまかれ、そのうえを猛スピードで走り抜けるのだ。リンチは壮絶を極めた。全身に焼けるような痛みを感じながら、悲鳴をあげることもできない。この時ばかりは死を覚悟したものだ。

私は意識を失い、そのまま救急車で緊急搬送されることになる。

病院で目が覚め、生きているのが不思議だと医師に何度も言われた。全身打撲はもちろん、裂傷から噴き出た血で、失血死する寸前だったという。前歯もすべて失っていた。まだ30代だというのに、この大怪我で総入れ歯だ。日常生活を送れるまでに8カ月を要し、その間、病院のベッドでひたすら猛省したものだった。

舘ひろしが320万円を…

ようやく病院から退院した頃には、すでにクールスのデビューの準備も整いつつあった。

残念だったのは、中心メンバーの一人である岩城滉一が脱退してしまったことだ。原因はやはり舘ひろしの存在が大きかったと思う。ルックス面では、舘と比べてもけっして見劣りしない。

だが、オーラやカリスマ性という点では、やはり舘が頭ひとつ抜き出ていた。「両雄並び立たず」という言葉があるように、岩城はみずからグループを去った。彼はその後、東映に入り、俳優の道を歩むことになる。

もし、サブに甘んじていたら、岩城の俳優としての成功はなかったかもしれない。

クールスのデビュー曲「紫のハイウェイ」がリリースされ、本格的な芸能活動がスタートすると、舞台裏では、その人気ゆえのトラブルが頻発した。

原因は舘への嫉妬だった。

「映画に出ても、ライブのステージに立っても、いつもひろしが中心じゃないか。俺たちは引き立て役か！」

もともとは舘をリーダーとする暴走族なのだから、彼が中心に決まっている。だが、芸能界の華やかなスポットライトが、彼らの何かを狂わせたのだ。私が何度なだめても、収まらなかった。

「ひろしを殺す」

こう息巻く者が出たかと思えば、怒りの矛先を犯罪に向ける者も現れた。なんと、スーパーで押し入り強盗をやらかしたのだ。一報を聞いた私は、すぐさま警察署へ行って頭を下げ続けた。事件が表沙汰になることはなかったが、その時すでに私の心はクールスから離れていたのかもしれない。

そんな私の気持ちを見透かしたかのように、舘もクールスを脱退して独立。俳優の道を歩み、渡哲也との出会いをきっかけに石原軍団入り。運動神経の良さを生かしたアクションだけでなく、円熟味あふれる演技で、日本映画に欠かせない存在となった。

その後の活躍は誰もが知るところだが、もう一人、舘の大物ぶりを見抜いていた男がいる。

ショーケンこと萩原健一である。

ある時、私が六本木のレストラン「キャンティ」で舘と打ち合わせをしていると、そこにショーケンが姿を現したのだ。

ショーケンといえば16歳の若さでバンド「ザ・テンプターズ」のボーカルを務め、その後、俳優に転身。当時すでにドラマ「傷だらけの天使」（１９７４年）で大スターになっていた。

立場を考えれば、舘のほうから挨拶に出向いて当然なのだが…。

舘は「あ…っ」とショーケンの存在に気付くが、特別に意識することなく、椅子に座ったままである。

すると、ショーケンのほうからツカツカと私たちがいるテーブルに歩み寄ってくるではないか。

私は息をのんだ。ショーケンもかなり血気盛んな性格だと聞いている。「挨拶がねえじゃねえか！」などと文句をつけられようなら、舘も黙ってはいないだろう。もしもこんな場所で喧嘩沙汰など起こそうものなら、芸能界から消されるのは舘のほうだ。

だが、ショーケンは思いもつかない言葉を発する。

「あの…彼に挨拶をしたいのですが」

こう前置きしたうえで、大スターのショーケンがまだ無名の舘に向かって、

「萩原です」

と手を差し伸べる。立場は完全に逆転していた。

まだ芸能界のルールなどにはまったく無頓着だった舘は、

「あ……そう…」

と無愛想に手を差し伸べるだけであった。

2人のやりとりにヒヤヒヤさせられたのを今でも思い起こす。また、大人の態度で舘に接してくれたショーケンには頭が下がる思いだった。

当時、経歴ではショーケンがはるかに上をいっていたが、2人はともに1950年生まれ。同い年で、互いに〝男気〟という部分で通じ合うものがあったのかもしれない。

*

そして舘との関係を語る上で欠かせない後日談がある。

舘がクールスを辞めてから10年以上経った頃のことだ。

当時、私には小さな子どもがいた。そのかわいい我が子が、公園で一緒に遊んでいた子どもにケガを負わせてしまったのだ。運が悪いことに、その子は骨折。さらに悲運は重なるもので、その子の親はあるヤクザ組織の大幹部だった。

「落とし前をつけろ！」

呼び出された私は、ただ頭を下げるしかなかった。子を思う親の気持ちはヤクザであろうが、カタギであろうが同じである。

私は見舞金として300万円を工面しなければならなくなった。

だが、ちょうどその時、あるタレントの育成にかなりの資金をつぎ込んでいたため、手持ちの金はほとんどなかった。そこで泣きついたのが舘だった。

「どうしても金が必要なんだ」

「オヤジ、わかった。銀行口座を教えてくれ」

舘は理由も聞かないで、こう言ってくれた。

金はすぐに振り込まれた。その金額を見て驚いた。私が言った額よりも多い３２０万円だったからだ。私はすぐに電話をかけた。

「おい、20万円余計に振り込まれているぞ」

「それが、俺が今持っている全財産なんだ」

今でこそ主役級の俳優だが、当時は石原軍団ではまだ新人扱いで、それほど給料はもらっていなかったと思う。何も理由を聞かずに全財産を差し出してくれた舘の男気は死ぬまで忘れないだろう。

＊

１９９０年2月14日は私にとって忘れられない１日となった。

私に音楽の道を断念させ、マネージャーとして生きるきっかけを作ってくれたローリング・ストーンズの日本公演が東京ドームで行われたのだ。

2章でも触れたが、フォー・ナイン・エースでドサまわりをしていた頃に、ストーンズの「ハート・オブ・ストーン」を聞いて大きな衝撃を受け、「俺たちはストーンズにはなれない。ならば、ミック・ジャガーになれる人間を探しだすしかない」


こう決意を固めてから25年が経ち、私は49歳になっていた。

1973年にも来日公演は予定されていたが、ミック・ジャガーの過去の逮捕歴がネックとなり、日本への入国が許されずに、すでに前売りチケットが売られていたすべての公演が「幻」と消えたのだ。

その後もアメリカでローリング・ストーンズの公演に行くチャンスは何度もあったのだが、チケットの入手は日本以上に困難で、何度も涙を飲んでいた。

そして、東京ドーム公演当日、私は憧れのスーパースターと初対面を果たした。

それもアリーナ席の最前列から7番目という近さだった。

オープニングの「スタート・ミー・アップ」で私は全身が震えるほどの興奮を

味わい、不覚にも涙があふれて止まらなかったのである。

私より３歳年上のビル・ワイマンが昔のスタイルでベースを弾き、キース・リチャーズがみごとなテクニックでギターを操っている。チャーリー・ワッツは25年前と変わらない正確なドラムテクニックを披露していた。そしてミック・ジャガーがセクシーにステージ上を飛び跳ねてシャウトしていた。

人間はここまで格好よくロックンロールし続けることができるのか――。

私は最初から最後まで感激と興奮のるつぼに身をゆだね、それこそ言葉では表現しきれないほどのパワーをもらった。

当日、会場では内田裕也にバッタリと出くわした。そして「これからもお互い、生涯現役でがんばろう」と、心のシェイクハンドを決めることができた。

これからも芸能界で戦い続けていく。そんな勇気と決意をもらったステージであった。

巣立っていったスターたち

さて、ローリング・ストーンズのコンサートを観てから20年近くが経った頃だろうか、私のもとを一人のロック青年が訪ねてきた。

聞けば、ずっと音楽一筋で生きてきて、インディーズで10年ほど活動を続けてきたが、なかなか芽が出ない。

「上條さんのところで勉強させてください」

彼こそは、当時はまだまったくの無名だったトーキョー・タナカ。のちに人気バンドMAN WITH A MISSION（マンウィズアミッション）のリーダー、ボーカルとして世界を舞台に活躍することになる。

その表情には焦りが見え隠れしていた。

そろそろ年齢は30にさしかかる。シンガーとしてブレイクするにはそろそろタイムリミットと考えたのかもしれない。

長い間、くすぶり続けていたが、実際に歌を聴くと声量もあって、基礎はしっかりできていた。

「実力はある。お前は絶対に売れる」

そう励まし続けながら、１年間みっちりとボイストレーニングを続けた。

ボーカリストとしてのセンスもあったが、彼は人間性も素晴らしかった。

すでに70代にさしかかっていた私の体を気遣い、スタジオでレッスンが終わると、私を自宅マンションまで車で送り届けてくれたのだ。

その車中で私がタナカに繰り返し聞かせたのが、カナダ出身の「ニッケルバック」だった。アルバムの売り上げは５０００万枚以上というビッグバンドだ。

「このニッケルバックのボーカルはお前の声質とそっくりじゃないか。いや、歌唱力ではお前のほうが上だ。こいつらが売れて、お前が売れないわけがない」

時には私の自宅前に停車した車の中で、30分、１時間とニッケルバックを聴き続けたのは、今となってはいい思い出だ。

それからしばらく経って、青年は晴れてメジャーデビューを果たす。

頭はオオカミ、体は人間という謎の生命体。音楽で世界を変えるという使命（MISSION）を持ったバンドのリーダーとして——。

彼らが奏でるニルヴァーナのカバーには感心させられたものだ。

その素顔を知る人間はごく限られている。だが、メジャーデビューした2011年には、東日本大震災被災地でのボランティアやチャリティイベントに率先して参加するなど、男気のある集団であることは間違いない。

無名の青年が全米ツアーを行なうまでにのぼりつめ、その飛躍に多少なりとも関わりが持てたのは、マネージャー冥利に尽きるというものである。

ステージではオオカミのマスクをしているため、今の元気な顔が見られないのが、唯一、残念ではあるが…。

私が手がけた日本のアーティストといえば、もう1組、忘れてはならないグループがある。

2000年に結成されたクリフエッジにも、私が1年ほど稽古をつけたことがある。

まだメジャーデビューする前のことだ。

ＭＣを務めるメンバーのＪＵＮとＳＨＩＮは音楽だけでは食えずに、飲食店のアルバイトで生活費を稼いでいた。

しかも働く時間帯は時給の高い深夜だった。夜の９時から朝の４時まで働き、昼は昼でボイストレーニングをみっちりこなさなければならない。

そんな生活を送っていては、昼間のレッスンに身が入るはずがない。

私は言った。

「おい、音楽１本でやっていきたいなら、今すぐ夜の仕事をやめろ。その代わり、必ず俺がアルバムを出させてやる」

私は彼らのバイト先の経営者と話をつけて、日中からレッスンに専念できる環境を作った。

するとどうだ。わずか１年で発声の基礎を身につけた彼は、インディーズながら２枚のアルバムをリリースすることができた。

その後、メジャーデビューした２００８年、映画「ホームレス中学生」の主題歌を歌ってブレイクした時にはすでに私の手を離れていたが、彼らのブレイクを我が事のように喜んだものだ。

これからもバイトとは無縁の音楽生活を続けてほしいと陰ながら見守っている。

第5章

ドンと呼ばれた男たち

ケイダッシュ会長・川村龍夫という男

知る人ぞ知る雀荘「K」は西麻布にあった。

ちょうど「夕やけニャンニャン」が放送されていた1985年頃、とんねるずの石橋貴明と秋元康が足しげく通ったことで、業界人御用達と言われたものだが、そこで忘れられない事件が起きた。

その夜、私はつきあいのある日本テレビのプロデューサーらと雀卓を囲んでいた。あまり大きな声で言えないが、当時は皆、羽振りがよく、かなり高いレートで打っていた。それに加え、指名しあった者同士が互いの順位をかけて競う「サシウマ」というルールも流行っていた。

4人で打っていたとして、たとえ3着だとしても、相手がビリなら勝ちとなる。当時のレートは1000点1000円は当たり前。サシウマの賭け金は1万円から3万円が相場だった。一晩で50万円もの金が動くなんてこともザラで、とくに業界はそれだけ金まわりがよかったのだろう。

そこには渡辺プロダクションの諸岡義行さんという重鎮の役員も同席していた。

その彼が牌を置いた瞬間、

「ロンだ！」

向かいに座る40代半ばの男が、椅子から立ちあがってこう叫んだ。諸岡さんとあがった人間は「サシウマ」をやっていたのだ。

「オヤッパネだ！」

雀荘中に響き渡る、ドスの利いたデカい声。次の瞬間、ガタガタッと椅子が倒れたかと思えば、振り込んだ男は仰向けになって崩れ落ちた。半開きの口からはブクブクと泡を吹き、なんと白目をむいているではないか。

「てんかんの発作だ！　やばい」

そばにいた誰かが叫んだ。すぐに救急車が駆けつけ、その幹部社員を担架に乗せる。みなが彼の容態を案じていた。だが、「オヤッパネ！」と叫び、サシウマで勝負していたあの男だけは違った。

なんとすでに意識を失い、担架で搬送される男のズボンのポケットに手をつっこみ、こう叫んだのだ。

「馬鹿野郎！　病院行く前にサシウマ払え」

これにはさすがの私も言葉を失うしかなかった。救急搬送される仲間の安否など関係なく、頭にあるのは「賭けのケジメ」だけだ。すでに何度か仕事場でも顔を合わせ、敏腕マネージャーぶりは知っていたが、改めてこう感じたものだ。

「こいつはただの銭ゲバじゃない。とんでもない大物になる」

当時の彼は田辺エージェンシーの副社長で、いわばナンバー2だったが、今や日本有数の芸能プロダクションの経営者だ。

男の名は川村龍夫。

渡辺謙、高橋克典、坂口憲二、永井大ら有名俳優が所属する「ケイダッシュ」の会長だ。なかでも、渡辺謙がハリウッドでも通用する国際的名優にのぼりつめたのは彼の手腕によるところが大きい。

格闘技の世界にも通じており、業界ではコワモテな面ばかりが注目されがちだが、素顔は少し異なる。

ケジメには人一倍うるさいが、一度受けた恩義は忘れない、義理人情に厚い男である。

＊

麻雀のサシウマといって思い出すのが、演歌歌手の森進一である。

彼はまだブレイクする前に、私が小山ルミをスカウトしたジャズ喫茶「ＡＣＢ」でよく歌っていたので、その頃から顔見知りだった。

「上條さん、麻雀のサシウマやろうよ」

森進一からこんな誘いを受けたことがある。サシウマの賭けの対象は金とは限らなかった。

「何を賭けましょうか?」と聞いてきたので、私は彼が着ていた皮のコートを指さして、

「じゃあ、そのコートでいいよ。もし俺が負けたら2万円払おう」

こうして始まった麻雀対決で、私は運良く勝つことができて、皮のコートを手

にすることができた。

　するとしばらくしてから、会う友人はみな私を非難するのだ。

「あんた、かわいそうなことするなよ。森君があんなに大切にしていたコートを麻雀で取り上げちゃったんだって？」

　まるで私は罪人扱いだ。あいつ、自分で誘っておいて、いざ勝負事に負けたら被害者ヅラするとは…。どうにも納得できなかったが、そんな因縁があるコートも、フジテレビの楽屋かどこかで泥棒に盗まれてなくなってしまったのだから今となっては笑い話である。

　だが、そんな森は、よく噂されるようにケチな男ではない。

　彼から何十万円もする背広を4着もプレゼントされたことがある。

　どの背広にも、内側にはマイクを入れるポケットがあったので、ステージ衣装の〝お古〟だと思うのだが、それにしてもファンにとっては値段がつけられない超がつくほどのお宝に違いない。

　ただ、女に関しては「手が早い」という印象が強い。

何を隠そう、私が育てたタレントだけでも、2人ほどが彼の世話になったのだ。今思えば、あのステージ衣装は口止め料だったのかもしれないが…。

内田裕也の殴り込み

麻雀といえば、忘れられない思い出がある。

デビュー当時から知っている内田裕也とは何度も麻雀を打った仲だ。

裕也ちゃんには寂しがり屋というか、人づきあいに関しては、妙に仲間意識が強すぎる一面がある。ふだん何の気なしに交遊している分には問題ないが、自分がいないところで仲間たちが集まっているのを面白く思わないのか、嫉妬心を爆発させることが多々あった。舞台では派手なパフォーマンスで知られる裕也ちゃんだが、実は大の寂しがり屋でもある。

ある時、ザ・タイガースのリズムギター・森本太郎（タロー）、ベース・岸部一徳（サリー）らと私の自宅マンションで雀卓を囲んでいた時のことだ、私たちが麻雀をしているのを、どこかから聞きつけたのだろう。

「上條の野郎、俺をのけ者にしやがって」

こんな激情を抱いたのかもしれない。

裕也ちゃんはいきなり私のマンションに殴り込みにやってきたのだ。

その時の格好が振るっていた。

下はジーンズ、上半身は裸に革ジャン。手に鎖をジャラジャラと巻きつけていた異様な身なりははっきりと覚えている。そしてあろうことか、私のマンションに土足であがりこんできたのだ。

とにもかくにも麻雀どころではない。大乱闘になった。

その時に居合わせたのが、一時期、裕也ちゃんのマネージャーを務めたこともある、ガンさんこと村上元一氏だ。村上氏はとにかく顔が広く、その屈強な肉体を見込まれて、アラン・ドロンが来日した際はボディーガードを務めたこともある。

のちに原宿でライブハウス「クロコダイル」など複数の店舗を切り盛りする実業家としての顔も持ち合わせていた。このガンさんがもし止めてくれなかったら、事件沙汰になっていたかもしれない。私も裕也ちゃんも若かったのだ。

とはいえ、彼との交遊はこの後も続いた。

今となってはいい思い出。同じ時代を生きた同志といえる関係だ。

西園寺たまきとの挑戦

さて、クールスをデビューさせてしばらく経った頃のことである。

私は香取洋子、セーラ・ロウエルらを手掛ける一方で、テレサ野田という女性歌手をマネジメントしていた。

彼女は14歳にして、１９７１年公開の「八月の濡れた砂」(藤田敏八監督)に主演して女優として華々しいデビューを飾った。私との出会いはそれから10年後。女優としてよりも、シンガーとしての才能に目をつけた私は、彼女に「テレサ野田」という芸名を捨てさせ、「西園寺たまき」として再デビューする計画を持ちかけた。

だが、たまきにしてみれば、これまでの10年間にわたる女優としてのキャリアを投げ打って、まったくの白紙からシンガーを目指すのだから、心の中ではかなり葛藤があったようだ。

私とたまきとの話し合いは7時間にもおよんだ。結論が出ないまま、彼女がいったん家に帰ると、彼女の母親が、

「上條さんのところに行きなさい」

こう言って背中を押してくれたという。

たまきが歌手に転身する決意を固め、そこから2人の闘いが始まった。

「人間は夢に向かって絶え間ないトレーニングを続けることで顔も声も変わる」

こんな信条を抱いていた私は「鬼」になって、一から鍛え始めることとなったのだ。

私は当時40歳にして、すでに小山ルミ、吉沢京子、ゴールデンハーフ、安西マリア、西城秀樹ら多くのスターを世に送り出し、「名プロデューサー」と言われていた。

「あの上條がまた新しい歌手を発掘したぞ」

業界でこの噂はすぐに広まり、多くのマスコミが取材にやってきたものだ。

ここに、当時のレッスン風景をリポートした雑誌記事を引用したい。

《リズム感を体得するために、レコードに合わせて、二人はぶっ倒れるまで、何時間も踊り狂った。のどをブローさせる発声法をマスターする練習、何時間でもウーウーいい続ける。

そして、レコードの通りに歌えるように何度も何度も歌い続ける。次に自分の歌として歌えるように繰り返す。

ある晩、上條の平手打ちがたまきの顔に飛んだ。鼻血が飛び散った。たまきは泣きながら洗面所に駆け込んだ。上條にたまきの母の顔が浮かんだ。大切な一人娘をオレにあずけてもらって、思わず振り上げてしまった手だけれど、すまないと思った。

これでおわりかと思った。しかし、洗面所から出てきたたまきは鼻にトイレットペーパーを突っこんで「もう一度教えてください」とだけいった。》（「アサヒグラフ」１９８１年11月27日号より引用）

＊

彼女の歌は世界で通用する――。厳しいレッスンの過程で、確信を強めた私は、たまきをアメリカに連れて行くことにためらいはなかった。

ほぼ同じ時期にアメリカに挑んだ歌手がいる。

矢沢永吉である。アメリカンドリームならぬジャパンドリームで成り上がったビッグアーティストだ。

彼はアメリカ進出の際にとてつもないことをやらかした。アメリカでは誰もがスーパースターと認めるドゥービーブラザーズをバックバンドにしてコンサートを開催したのだ。

それだけ聞けば、矢沢はアメリカでも通用したということになるが、実際は違った。

わかりやすく言えば、矢沢のアメリカ進出は1回きりのイベントで終わってしまったのだ。

今はさておき、当時はまだ英語力が、向こうの観客を満足させるレベルに達していなかったということだ。

一流と二流の違いがはっきりしていて、一流以外はいっさい通用しないのがアメリカのショービジネスだ。日本の肩書きなど何の役にもたたない。

誰が考案したのかわからないが、矢沢のステージには「日本のミック・ジャガー」という触れ込みがついていて、ミック・ジャガーのモノマネをするおかしな日本人というくらいの話題しかなかったのである。

それでも矢沢はしばらくアメリカで挑戦を続けた。ロサンゼルスの小さなライブハウスで歌っていたという話も耳にした。

松田聖子にしても、ピンク・レディーにしても、日本で売れると、世界進出を夢見て、やがて厳しい現実に打ちのめされる。

もしかしたら…。だが、その「もしかしたら…」は果てしなく遠い夢なのだ。

あの矢沢永吉でもアメリカでは二流扱いされたのだ。

ましてや、たまきは女優としてはさておき、歌手としては無名に近い。そんなバカげた挑戦にもかかわらず、私の胸には勝算があった。

その裏づけが「東京ローズ」だった。

知る人は少ないだろう。太平洋戦争の真っただ中に、日本政府が流したラジオのプロパガンダ放送に登場する女性アナウンサーをこう呼んだのだ。

番組は前線で戦う連合軍の兵士の戦意をそぐ目的で作られたものだったが、この放送を聞いた兵士たちの胸に、東京ローズの名とその美声は深く刻まれた。どんな顔をしているのかもわからない。ミステリアスな存在でありながら、誰もがその声に心を奪われた。

戦地から故郷アメリカへと帰る帰還兵の中には、「ひと目でいいから東京ローズに会いたい」と口にする者もいたという。

その関心の高さは、終戦後、来日したアメリカ人記者が東京ローズの消息を躍起になって探し、のちにその生涯をテーマにした映画が制作されたほどである。

幸い、アメリカで活動する日本人歌手は皆無に等しかった。この東京ローズのイメージをうまくダブらせれば絶対にブレイクする。私にはそんな確信があった。

アメリカ進出で無一文に

だが、肝心の資金がない。ちょうど東京の地価が上昇し続けていた時期で、３６００万円で購入したマンションを倍以上の値段で売ったが、１ドルが２２０円以上した円安ドル高の時代である。なかなか目標の金額に達しない。

その時、田辺エージェンシーの副社長だった川村龍夫氏に相談すると、田辺昭知社長に掛け合って、

「お願いします。上條にアメリカで勝負させてください」

と、懸命に説得してくれた。結果的に、ある程度のまとまった金を貸してくれることになった。

それだけではない。川村氏は私を東京・駒沢の喫茶店に呼び出すと、分厚い封筒を差し出し、「がんばれよ」と声をかけてくれた。

封筒の中には３２０万円が入っていた。おそらく、当時の彼が出せる精一杯の

ポケットマネーだったのだろう。くしくも、かつて舘ひろしが私の窮地に振り込んでくれたのと同じ金額だったため、この320万円という額は強く私の心に残っている。

1982年、私はたまきとアメリカに渡り、各地のライブハウスを転々とした。それからの3年間はいわゆるドサまわりだったが、私にはある秘策があった。「日本からやってきた歌手・西園寺たまき」を売り出すうえで、彼女に空手の振り付けを覚えさせたのだ。

ステージで見せた空手パフォーマンスのインパクトは絶大だった。もちろん、歌唱力があってのことで、振り付けはオマケに過ぎない。彼女のシンガーとしての実力はしだいに評価されていった。

「グレート！　タマキ！」

ライブハウスで満場の喝さいを受けた際、私は人種の壁を越えて評価されることに大きな感動を覚えたものだ。

だが、私はまたも裏切られる。

日本に戻り、東京音楽祭の最優秀歌唱賞を獲って凱旋を果たした翌日、なんと行方をくらましてしまったのだ。ＴＯＴＯを手掛けた大物プロデューサーに「俺についていてくればもっと成功する」とそそのかされたたまきは、突然、私に何の了承も得ずに再びアメリカへ渡ってしまった。それでも、彼女がアメリカで成功を収めていれば、私も多少は救われたかもしれないが…。

複数の知人を介して、こんな情報が私の耳に入ってきた。

「向こうではまったく活動している話を聞かない。男に食い物にされたんじゃないか。クスリに溺れたという話もある」

案の定、突然の決別から約３カ月後、たまきは帰国し、私の前に姿を現した。心身ともに疲弊しきっているようで、とても直視できる有り様ではなかった。

そして私のもとから逃げたことを何度も詫びた。

「黙ってアメリカに行ってすいませんでした。もう一度ボスとやり直したい」

懇願するたまきを、私は厳しい態度で突き放した。

彼女の力になってやりたい――。心の底ではかすかにこんな思いもあったが、たとえたった一度の過ちであっても、失った信頼は取り戻せない。今後、仮に仕事を続けるとしても、私だけでなく、多くのサポートスタッフに迷惑をかける事態を招きかねないからだ。

「どんな事情があっても不義理は許さない」

これは私がずっと守り続けてきたポリシーでもある。

いずれにしても、たまきの売り出しに失敗した私は全財産を失うことになったのだ。

アメリカ行きを支援してくれた川村氏は、こんなバカをしてきた私でも、今も変わらぬつき合いを続けてくれている。

ホリプロ創業者・堀威夫氏の温情

さて、川村氏はかつて田辺エージェンシーのナンバー2として、また、田辺昭知氏の右腕として頭角を現したが、その田辺氏にも、頭があがらない人物がいる。

ホリプロ創業者の堀威夫氏である。

「芸能界はヤクザな虚業ではない」

というのが口癖で、早くから芸能プロダクションの地位向上、ならびに一般企業化を謳っていた。事実、ホリプロは日本のプロダクションでは初となる株式公開を果たした。彼が芸能界に残した功績は計り知れない。

その堀氏が明治大学を卒業後に組んだバンドが「スウィング・ウエスト」だ。

このバンドはギターの堀氏をリーダーに、主にカントリー&ウエスタンを演奏していた。そのジャンルでは実力者と謳われた寺本圭一や佐川ミツオ、守屋浩がボーカルとして在籍していたことがある。

堀氏のギターを何度も生で見てきた私は、彼を日本一のギタリストだと信じて疑わなかった。彼が弾く「ウォーター・ベビー・ブルース」は一級品だ。

そのバンドにドラムとして加入したのが、何を隠そう田辺氏である。

リーダーの堀氏から見れば、まだ10代で、６歳も年下の田辺氏は「小僧っ子」だった。

堀氏がギターの早弾きで演奏をリードしていくと、どうしても田辺氏が遅れをとってしまう。そんな時には決まって、

「ショー坊！　もたるぞ（遅いぞ）」

と檄を飛ばしていたものだ。

もちろん田辺氏もドラムの腕は一流で、テクニックはあの「ブルー・コメッツ」のジャッキー吉川には及ばないものの、ハッタリのうまさ、つまりパフォーマンスにかけては彼のほうが上を行っていたかもしれない。それでも堀氏は田辺氏の演奏に、何かと注文をつけたものだった。

「おい、ショー坊、もう少しリズムを調整しな。もっと勉強しろ！」

ステージや舞台裏で田辺氏が絞られているのをよく見かけたものだ。

田辺氏はその後、ホリプロに所属して、音楽だけでなく、タレントマネジメント術や経営哲学を堀氏から学ぶことになる。師弟関係という言葉が適切かどうかはわからないが、堀氏なしには、現在の田辺氏はもちろん田辺エージェンシーも存在しなかったかもしれない。

何を隠そう、私も堀氏に救われた一人だ。

それは私がスカウトして手塩にかけて育てた安西マリアが、デビュー曲の「涙の太陽」で1973年の日本レコード大賞新人賞を獲った時のことだった。

マリアはもともと銀座のクラブ「徳大寺」でホステスをしていて、私は彼女と知り合うとすぐに芸能界へと引き入れた。すでに22歳だったが、デビュー時には19歳ということにした。

プロモーションやレッスンなどでマリアをバックアップしたのがアイエスという営業会社だった。私は一匹狼のマネージャーという立場で、マリアを日本レコード大賞新人賞を獲得するまでに育て上げたのだが…。

いざマリアがスターになると、アイエスは彼女を「金儲けの道具」としか考えなくなった。欲を出して、月に20本近い営業の仕事を受けてしまったのだ。

仕事など選んでいられない。とにかく金、金、金――。そんな営業方針に私は大きな危機感を覚えたものだ。このままではマリアが潰される。半年もしないうちに、歌うことすらできなくなってしまう。

私はアイエスの社長にかけあったのだが、

「上條さん、いったいうちがどれだけ金を使ったかわかってるんですか？　もっと現実を見てくださいよ。アイドルなんて短命なんだから、今のうちに元を取っておかないとしょうがないでしょう」

まったく聞き入れてもらえなかった。確かに社長の言い分もわかる。だが、あまりに非情な考えに、私はやりきれない思いだった。

実際、マリアを担当していた現場マネージャーも「いくら何でもひどすぎる」と社長への怒りを私にぶちまけるほどだった。

そこで私が頼ったのがすでにホリプロを軌道に乗せていた堀威夫氏だった。

なんとかして、アイエスからマリアを引き離したかったのだが、アイエス側は、

「これまでマリアにかけた800万円が回収できていない」

という主張を繰り返すばかりだった。要するに身代金を払えということだ。この金をきっちり清算したうえで、私がオフィスを構えてマリアを受け入れてやればいいのだが、あいにくそんな金はない。わらにもすがる思いで堀氏に頼み込むと、

「上條、お前の話はよくわかった。いいか、アイエスにはトイレットペーパー１枚の借りも作るな」

こう言って、ポンと１０００万円を投資してくれたのだ。

ちょうど森昌子がブレイクし、山口百恵を「スター誕生！」から獲得し、上り調子だったとはいえ、当時としてはとても即決で出せる金額ではない。

この時の温情を私は生涯、忘れることはできない。

今思うと、70年代はまさに日本の芸能プロダクションの群雄割拠の時代だった。それまでは、ザ・ピーナッツ、森進一、沢田研二、布施明、ハナ肇とクレージーキャッツらビッグネームを擁する渡辺プロダクションが一大帝国として名を馳せ、「ナベプロなしには紅白歌合戦が成立しない」と言われたほどだった。

だが、そんなナベプロ帝国に抵抗する形で、日本テレビがオーディション番組「スター誕生！」をスタートさせると、そこから多くの大スターが生まれていく。

そうしたダイヤの原石を手に入れた新興プロダクションが、それぞれの城を拡大していく戦国時代でもあった。

森昌子、山口百恵といったタレントを抱え、その先陣を切った堀氏はまさに織田信長のような存在だったと私は思う。

堀氏のもとで学んだ田辺昭知氏は、のちに独立して田辺エージェンシーを設立。その田辺エージェンシーで、番頭として辣腕をふるったのが、ケイダッシュ会長の川村龍夫氏である。

この後で触れる周防郁雄氏と川村氏は高校の同級生と聞いているし、よくよくそのルーツをたどると、芸能界で「実力者」と言われる男たちは、必ずどこかでつながっているものだと、感心してしまうのだった。

周防郁雄氏と取っ組み合いの大ゲンカ

今でも私が手掛けた歌手がライブを行う時、必ず祝いの花を届けてくれる2人の人物がいる。

1人は先に述べた川村龍夫氏。そしてもう1人が周防郁雄氏。言わずと知れた

「バーニングプロダクション」の社長である。

余談だが、周防氏と川村氏、そしてブルー・コメッツの鹿内孝は高校の同級生である。川村氏が鹿内の誘いを受けて、芸能マネージャーとして第一歩を踏み出したのは知られた話だ。

私が最初に彼の名を聞いたのは１９６９年、「天野企画」というプロダクションで、千賀かほるという歌手を売り出し、「真夜中のギター」で日本レコード大賞新人賞を獲った時のことだ。

「千賀に新人賞を獲らせたのは周防という男らしい。マネージャーとしてはかなりのスゴ腕のようだ」

こんな噂は私の耳にも入っていた。

前にも書いたが、あの頃の日本レコード大賞といえば、現在とは比べ物にならないくらい敷居が高く、新人賞の５人に入るのは並大抵のことではなかった。

その狭き枠に天野企画という小さくて無名の事務所にいる新人歌手が食い込んだのだから、業界でニュースにならないわけがなかった。

周防氏に関しては、高校卒業後に当時は千葉県議会議員だったハマコーこと浜田幸一氏の運転手を務めたり、演歌界の大御所・村田英雄らが所属していた新栄プロダクションに住み込みで働いたとか、さまざまな経歴が伝えられている。

それらのどこまでが本当かはわからないし、本人から聞いたこともなければ詮索をするつもりもない。

ただひとつ言えるのは、これまで50年近いつきあいになるが、周防氏の口から今まで一回も苦労話や弱音を聞いたことがない。苦労を苦労と思わない、もしくは人に苦労した姿を見せないというのが彼の美学ではないかと思う。

さて、そんな周防氏と私の間には浅からぬ因縁がある。

ある時、私が手掛けていた歌手のプロモーションが、なかなかうまくいかなかったことがあった。

「周防が裏で手をまわして、妨害しているらしい」

こんな情報が私のもとにもたらされたのだ。

周防氏といえば1971年にバーニングの前身となる国際プロを設立。本郷直樹、南沙織ら時代を代表する歌手を抱えていた。

　郷ひろみがジャニーズ事務所からバーニングに移籍した際、ジャニー喜多川社長は私の事務所を訪れて、こう悔しがった。

「上條ちゃん、ちょっと聞いて。ひろみを取られちゃったの…」

「がんばれよ。これくらいでへこたれるなよ。あんたには才能があるんだしさ。俺なんか売れっ子を作っては取られ、作っては取られの繰り返しなんだから」

「でもね、私にとって、ひろみは命なの」

「もういいじゃないか。タレントを取られるなんてこの世界じゃいくらでもあるんだし」

「いや、でも！」

　かれこれ1時間くらい泣き続けただろうか。

　私は喜多川氏を励ましながらも、「周防という男はなんて奴なんだ――」こんな憤りを抱いていたものだ。

　そんな経緯もあって、私は噂を鵜呑みにし、周防氏がいる事務所へと向かった。

完全に頭に血がのぼっていた私は、周防氏を見るなり、その胸倉につかみかかった。

小さい頃から柔道を習い、ヤクザ相手にもケンカを売っていたことは以前の章で書いたが、芸能界に入ってからも、私はケンカで負けたことがなかった。私は本気で彼をぶちのめす気だったが、周防氏も負けていなかった。

馬乗りになっては跳ね返され、投げ飛ばされては、拳をぶつけ合う。私たちの取っ組み合いの大ゲンカで事務所の中はメチャクチャである。

「上條さん、違うんです。レコード会社に確認してください」

周防氏の側近が止めに入り、なんとか落ち着きを取り戻した私は、しばらくして完全な勘違いだったことを知る。私は頭を下げるしかなかった。

だが、その事件がきっかけで、周防氏は何かと目をかけてくれるようになった。

小泉今日子と周防氏の二人三脚

しばしば、川村氏と同様に「芸能界のドン」などと恐れられる周防氏だが、実際はとても面倒見がよく、彼の後押しで独立を果たした業界人は多い。

実力があっても独立する資金がない者は周防氏を頼り、その眼鏡にかなった者だけが成功をつかんでいく。バーニングを中心とした一大帝国は、義理と人情によって支えられているところが大きい。

タレントを見る目も一流だ。

周防氏がスカウトしたタレントの一人に、石野真子がいる。健康的な美しさとかわいらしさが全身からにじみ出ていて、アイドルに必要な要素をすべて持ち合わせていた。日本テレビの「スター誕生！」で注目を集める前から第一プロダクションが彼女に接触していたようだが、獲得に成功したのはバーニングの周防氏だった。

厳格な石野の父は当初、芸能界入りに難色を示していたと聞く。

まだ高校生だったため、準備期間の1年間は兵庫県芦屋市にある実家でレッスンに励み、吉田拓郎が作曲した「狼なんか怖くない」でデビュー。「100万ドルの微笑」のキャッチコピーそのままに、愛くるしい笑顔でファンを魅了した。

その石野が1981年に長渕剛との交際・結婚を発表した時はかなりの衝撃を受けた。

せっかく育て上げたスターが、デビュー3年足らずで家庭に入ってしまうのだから、たまったものではない。

だが、周防氏はタレント本人の幸せを願って結婚を許した（のちに離婚）。あの高田みづえが相撲取りの若島津と結婚したことも、事務所にとっては大きなダメージだったろう。それでもタレントの人生を最優先させるのが周防氏なのかもしれない。

周防氏が手掛けたタレントで最も思い出深いのが小泉今日子だ。

小泉は「スター誕生！」で、石野真子の持ち歌である「彼が初恋」を歌って合格を果たし、芸能界入りのきっかけをつかむ。はつらつとした活発さを売りにしていたが、「スター誕生！」の予選会の控室では、いつもポツンと一人で過ごしていた。あまりにおとなしいので、番組のプロデューサーが「大丈夫？」と声をかけたくらいだ。

周防氏が小泉を獲得した理由は、

「あの尖ったアゴが良い」

というものだった。

詳しくは後述するが、小泉が芸能界入りした1982年はアイドル豊作の年で、デビュー当初から厳しい競争にさらされた。

その第一関門とも言えるのが、日本レコード大賞の新人賞レースだ。

私が育てた西城秀樹も涙を飲んだが、その内情については、けっして人気・実力だけで獲れるものではなかったと今でも思っている。

小泉は新人賞を獲れない——。

そんな情報を聞きつけた周防氏はいったいどんな行動に出たか。これは私が偶然に知りえたことで、初めて明かすエピソードだ。

その年の暮れ、私は仕事でロサンゼルスの空港にいた。すると、そこで「月刊明星」の副編集長に出くわしたのだ。

「上條、大晦日にこんなところでお前に会うとはな」

彼とは見知った仲で、しばらく立ち話をしていたのだが、彼はボソッとこう漏らしたのだ。

「実は今、周防さんとキョンキョンと一緒に来てるんだ。取材旅行ってやつでね」

しかしなぜわざわざ大晦日にわざわざ海外へ…。私は首をひねった。すると彼はこう続けたのだ。

「周防ちゃんの思いやりなんだよ。日本にいると、いやが応でも新人賞のニュースがキョンキョンの耳に入ってしまうだろ。だからうちからオファーしたことにして、取材をセッティングしてくれと頭を下げられてね」

「そうか、確かに獲れないとわかっていて、あのステージに立たせるわけにはいかないだろうな。キョンキョンがあまりに不憫だ。それに日本にいればどうしてもライバルが出ている番組を見ないわけにはいかないからな」

西城秀樹のように、悔しさをバネにのしあがるタレントもいれば、ちょっとプライドを傷つけられただけで、やる気をなくして輝きを失ってしまう者もいる。まだデビュー間もない小泉を、周防氏は後者と見立てたのだろう。

当時はアイドル雑誌の全盛期といえども、破格ともいえるアメリカロケの費用はもちろん周防氏が負担したそうだ。タレントを守るという点ではすごいことを思いつく奴だと感心させられたものだ。

そんな愛情を一身に受けて育った小泉は、「元気少女路線」を開拓していき、いつしか女優としても大成していく。

私も何度か顔を合わせることがあるが、とても礼儀正しくてマナーが良いという印象しかない。

2018年1月、「事務所からの独立」が大々的に報じられたが、周防氏との決別を選択した裏にはどんな思いが秘められていたのだろうか。

人情家の周防氏のことだ。きっと彼女を応援し続けるに違いない。

アミューズ大里会長とオスカー古賀社長

アミューズ現会長の大里洋吉氏とは旧知の仲だ。彼がナベプロに籍を置いてキャンディーズのマネージャーをしている頃からのつきあいだ。

今でこそ伝説のグループとして知られるキャンディーズだが、１９７３年にデビューした当初はパッとしなかった。そして私は「スー」こと田中好子が中央のポジションにいるのを見て、私は何か違和感を感じていた。そこで私は大里氏にこんなアドバイスを送った。

「ラン（伊藤蘭）をセンターにしたらどうか」

ナベプロでは毎週月曜に「戦略会議」が行われていた。

その日の議題はキャンディーズ。

大々的に売り出したものの、２年あまりヒット曲に恵まれないキャンディーズをどうするか。それはナベプロにとって大きな課題だった。

そこで大里氏は幹部社員を前に、意を決してこう述べた。

「配置を変えてはどうでしょうか。ランをセンターにしては…」

当時、渡辺晋社長の右腕として知られ、制作部長を務めていたのが松下治夫氏だった。

タレントのマネジメントにおいて、大きな発言を持つ松下氏は、それが私の意見だと見抜いていたようだ。

その会議を経て、ランが初めてセンターを務めた５枚目のシングル「年下の男の子」はオリコン９位を記録。このヒットで１９７５年のＮＨＫ紅白歌合戦に出場を果たす。

のちに聞いた話では、松下氏と大里氏の間でこんなやりとりがあったそうだ。

「なあ、大里、ランをセンターにしたアイデアだが、あれは上條の意見じゃないのか？」

「はい、実はそうなんです」

自分のアイデアだと言えばいいものを、けっして嘘はつかない。大里氏には昔から実直なところがあった。

その大里氏がナベプロから独立してアミューズを設立したのは１９７７年のことだ。その船出を資金面で大きく支えたのが周防氏だと聞いている。

アミューズの看板アーティスト、サザンオールスターズがデビューするのは、その翌年。

くしくもその時、私は「スロッグ」というロックバンドを手掛け、シングル「愛は血の涙」を売り出そうとしていた。デビューが重なった両バンドは明らかなライバル関係にあった。

昨日の友は今日の敵――。大里氏としても、西城秀樹やクールスを売り出した私の手腕を高く評価していただけに、気が気でなかったろう。

アイドル雑誌「週刊明星」に売り込みをかけた私は、5ページのグラビア特集を勝ち取った。しかし出来た雑誌を見て驚いた。あのサザンオールスターズにも同じ5ページを割いているではないか。雑誌だけではない。テレビやラジオで取り上げられる機会も増え、惨敗が見込まれていたデビュー曲「勝手にシンドバッド」はみるみるチャートを上げ、ついには「ザ・ベストテン」で10位に入る躍進を見せた。

この大攻勢の裏話を、大里氏はのちにそっと打ち明けてくれたものだ。

「サザンはどうしても売らなければいけないバンドだった。だからバーニングの周防さんに金の都合をつけてもらったんだ」

今だから明かせるが、その額は2000万円だったという。当時でいえば、都心に家が建てられたほどの大金だ。

周防氏は名もないバンドの将来性をひと目で見抜き、出資には少しもためらわなかったと聞いた。その先見性、決断力に、私は畏怖すら感じたものだ。

＊

さて、オスカープロモーションといえば米倉涼子や上戸彩、武井咲、真矢ミキら人気女優を抱える巨大プロダクションである。

古賀誠一社長とも長いつきあいで、何かにつけてアドバイスを求められることがあった。

記憶に新しいところでは、2003年に映画「あずみ」が公開される際、試写会に招待され、主演女優・上戸彩に関して感想を求められたものだ。

私はきっぱりと言った。

「素晴らしい女優だ。第二の山口百恵になる」

古賀氏は満面の笑みを見せてくれたものだ。

その予見は現実となり、「あずみ」は続編が作られるほどのヒットを記録し、「テルマエ・ロマエ」「おしん」といった話題作に出演。2017年に公開された主演映画「昼顔」は、日本のみならず、中国などのアジア圏で大ヒットを記録した。

＊

オスカーの設立は1970年。古賀氏自身がモデルだったこともあって、モデル事務所としてスタートを切った。だが、単なるモデルクラブでは、日本で大きなビジネスに発展させるのは難しい。

そこで本格的な芸能界進出を果たすべく、1982年にデビューさせたのが「パンジー」という3人組のアイドルユニットだった。

くしくもその年には小泉今日子、中森明菜、早見優、石川秀美、シブがき隊がデビューし、「アイドル豊作の年」「花の82年組」と言われたものだ。

事務所が一丸となってパンジーを売り出したものの、そこには大きな壁が立ちふさがった。雑誌メディアには露出できるものの、なかなかテレビからお呼びがかからず、プロモーション活動は大失敗に終わった。結局、このユニットはヒット曲を世に出すことなく、ひっそりと姿を消した。そしてパンジーのメンバー3人のうち、何人かは周防氏のバーニングが引き取ったと聞いた。当時の古賀氏は「引き抜かれた」と思い込んでいたようで、私の前で男泣きしたものだ。その悔し涙はこう語っているようにも見えた。

江戸の敵を長崎で討つ――。

そこからのオスカーの躍進には目を見張るものがあった。

１９８６年に女優デビューした後藤久美子が「国民的美少女」と話題をさらい、翌年からは「全日本国民的美少女コンテスト」を開催。以降、モデルおよび女優の発掘という点で、オスカーの右に出る者はいない。

それでも古賀氏の夢にはまだ続きがある。あのパンジーのリベンジではないが、必ずや歌の世界でビッグヒットを出してくれることだろう。

つい最近、私が手掛けたNというシンガーが渋谷でライブを行った時のことである。それこそ、ロック好きの若者のたまり場といったような雰囲気で、タバコと酒の匂いが充満する小さな小屋だ。そんな会場に、古賀氏が姿を見せたことがあった。

来場してからは私が用意した関係者席に腰をおろしていたのだが、いざ演奏が始まると、席を離れ、ステージへと歩み寄っていくではないか。そばには音楽に身を任せて、体を激しくぶつけ合う若者たちがいる。それでも、古賀氏は「もっと近くで見たい」という感情を抑えきれなかったようだ。

若者たちにまじって、直立不動でNのパフォーマンスを鑑賞していた古賀氏。同行していたおつきの幹部社員が大慌てで周囲を警護していたのを見て、私は苦笑いするしかなかった。

これには後日談があって、オスカーの経理担当者が私のところにやってきて、500万円を渡したいという。

渋谷のライブハウスでNの演奏を聴いた古賀氏が、「育成資金にあててくれ」と融資を申し出てくれたのだ。もちろん受け取る際はきっちりと借用書にサインをした。

この投資には社内からもかなり反対の声があがったと後で聞いて、頭が下がる思いだった。

福岡の高校を卒業後、上京してモデルになった古賀氏。九州男児らしい芯の強さと、衰えぬ情熱があれば、オスカーはもっと大きくなると私は信じている。

テレビ朝日の人気ドラマ「ドクターX」を観ていて、ふと心に引っかかりが生じることがある。オスカープロモーションの看板女優・米倉涼子とバーニングの内田有紀が、外科医と麻酔医として同じ画面に映っていることだ。

30年以上にわたって芸能界で強い影響力を発揮する周防氏と、彼を原動力にしてのし上がっていった古賀氏。２人の熾烈な競争心が、幾多のスターを世に送り出していったと私は思っている。

「郷ひろみ移籍」の真相

さて、郷ひろみがバーニングに移籍した話は先に書いたが、ジャニー喜多川氏を含めて、この件について世間では勘違いされている点が多い。私が知る真実を明かそうと思う。

バーニングの周防氏が金と権力を使って郷ひろみを引き抜いた――。このような見方が一般的だった。

だが、真相は少し異なる。

郷ひろみをジャニーズから脱退させた黒幕はI氏という人物で、彼はタレントのコンサートを手掛ける、いわば興行主だった。当時は「営業会社」と言われ、こうした会社が地方公演や都内の大会場でのイベントを仕切っていた。興行界でもI氏は大物の部類に入る。

このI氏が郷ひろみとジャニーズ事務所の契約が切れるタイミングを見計らって、郷の父親にアタックを仕掛けた。手付金として1000万円を支払い、郷の再契約を阻止させたと私は聞いている。

結果、郷はI氏が持つ興行会社の〝所属〟となった。だが、そこではコンサートは主催できても、楽曲制作やテレビ出演といったマネジメントができない。そこでI氏はかねてから親交のあった周防氏を頼り、バーニングに預ける形を取った。

　それから数年間は、所属はバーニング、興行権はＩ氏という具合に、儲けはうまく配分していたようだ。

　当時、落ち込んでいたジャニー喜多川氏に私はこう言ったものだ。

「ジャニーちゃんのところには予備軍がたくさんいるんだから、第二の郷ひろみを作ればいいじゃないか」

　実際、田原俊彦、野村義男、近藤真彦の「たのきんトリオ」が世に出るまで、そう時間はかからなかった。あの〝号泣事件〟から約半年後のことだった。

　そして、たのきんトリオが世に出るや、一時期、私からの電話にはいっさい出なくなった。私は電話で激しくののしった。

「ジャニ公、てめえ！　ついこの間はメソメソ泣いていやがったのに、たのきんが出たら電話にも出なくなるってのは、どういうことだ、この野郎！」

　ただ、私はジャニー喜多川氏の性格を少しは理解しているつもりだ。彼は多くの所属タレントにとって、頼れる父親のような存在だ。仕事がうまくいっている時に限って、自分の弱い部分を知っている人間とは距離を置こうとするのだ。

あれ以来、まったくといっていいほど連絡を取っていないが、それは彼が成功し続けているということ。無沙汰は無事の便りとはよく言ったものだ。

マッチとはデビュー間もない頃に一度だけ面会したことがある。向こうから「会いたい」とわざわざ私のもとへやって来てくれたのだ。

「僕はずっと西城秀樹さんのファンでした。僕は秀樹さんのように、ワイルドな雰囲気を売りにする歌手を目指しています。ぜひこれからもよろしくお願いします」

こう言って頭を下げられて悪い気はしない。その時のマッチはニキビ顔のどこにでもいるような少年だったが、目はギラギラと輝いて闘志に燃えていた。

「こいつは根性あるぞ。これまでのフォーリーブスや郷ひろみなどの王子様タイプとはぜんぜん違う」

直感は当たり、ジャニーズ事務所を背負って立つ超人気アイドルへと飛躍を遂げる。

ジャニー喜多川氏は、その後もシブがき隊、少年隊、ＳＭＡＰ、ＴＯＫＩＯと、次々と人気グループを輩出し、「一大帝国」を築きあげていく。

芸能界の重鎮としてしばしばその動向が注目されるジャニー喜多川氏とは、何度も麻雀を打った仲だ。

彼は麻雀においてもとにかく人を驚かせるのが大好きで、「ひっかけのカンチャン待ち」でよくあがっていた。いわゆる引っ掛けリーチという奴で、たとえば前もって「５ピン」を捨てておく。筋を読めば、「２ピン」は安牌というのが定説だが、「１ピン」と「３ピン」のカンチャン待ちで、ワナを仕掛けているのだ。ふだんは負けてばかりだったが、ごくまれに、こうした引っ掛けで大役をあがるのだから、振り込んだ人間はたまったものではない。

「汚ねえ手を使うんじゃねえよ！」

こんな罵りを受けても、にやにやと人を食った笑みを浮かべていたものだ。

「ダンシング・ヒーロー」誕生秘話

ＭＡＸ、ＳＰＥＥＤ、ＤＡ　ＰＵＭＰを手掛けたライジングプロダクションの平哲夫社長ともさまざまな因縁がある。

１９８５年にライジングプロを設立する前、平氏は多額の借金を抱えていた。演歌歌手のプロデュースを主に行っていたが、ことごとく失敗し、一時はその借金は数千万円にまでふくれあがっていた。

周防氏も彼の才能に期待して、出資していた一人だった。だが、いくら待てどもヒットが出せない。業を煮やした周防氏は、私にこんな〝依頼〟を持ちかけたのだ。

「上條、平のところに行って助けてやってくれないか」

周防氏にとっては、かなりの額を投資していたため、平氏にはどうしても成功してもらわなくてはならなかった。そこで私に白羽の矢が立ったというわけだ。

会社員の出向に近い形で、私は平氏のオフィスに机を置かせてもらい、専属のプロデューサーとしてマネジメントを手伝うことになった。

その時、平氏は一人の少女にすべてを賭けていた。

荻野目洋子。まだ小学生の時に、平氏にスカウトされ、「ミルク」という3人組のアイドルグループに加入したが、2枚のシングルを出しただけでそのグループは自然消滅してしまった。

小学校を卒業し、ごく普通の中学生として失意の日々を送っていた荻野目に、平氏が再び声をかけたのだ。

「もう一度歌手をやってみないか」

実は前述した「ミルク」のリードボーカルは別の女の子だった。だが、平氏は荻野目の人間性と歌の才能を忘れていなかったのだ。

1年におよぶ厳しいボイスレッスンを経て、再デビューを果たした荻野目だったが、待っていたのは苦難の日々だった。なかなかヒット曲に恵まれず、プロモーションのキャンペーンではなりふり構わず、地方の温泉街にまで足を運ぶこともあった。

それでも歯をくいしばって、平氏と二人三脚の闘いを続け、そこに私がプロデューサーとして加わる形となったのだ。

転機となったのは、デビュー翌年に出した7枚目のシングル「ダンシング・ヒーロー」だ。この大ヒット曲が誕生するまでの裏のエピソードを明かそうと思う。

この「ダンシング・ヒーロー」の原曲は、アンジー・ゴールドの「Eat You Up」。つまりカバーである。その曲のテープがたまたま平氏の机の引き出しに眠っていて、私はそれを聴かせてもらった瞬間、確信した。

「これだ！　この曲こそ、抜群の歌唱力とリズム感を持つ荻野目にふさわしい」

だが、平氏は難色を示した。

「しかしカバーだからな…」

それでも私はしつこく食い下がった。

「カバーだって構いませんよ。日本語の歌詞をつけて、荻野目のものにすればいいじゃないですか」

それでも平氏は首を縦に振らない。レコード会社・ＲＣＡビクターの担当者も彼と同じ意見で、話は平行線をたどった。

だが、私も引き下がるわけにはいかない。私の腕を買ってくれた周防氏への義理もある。そこで私は周防氏のもとを訪れて、事の経緯をすべて話した。

すると周防氏は「わかった」と頷き、次の瞬間には、電話の受話器を握っていた。

電話をかけた相手は、前述したＲＣＡビクターの担当者で、平氏とともに「ダンシング・ヒーロー」の売り出しに難色を示していた飯田久彦氏。自身も元歌手で大ヒット曲「ルイジアナ・ママ」を出したが、人気が低迷すると芸能界を引退。その後はレコード会社の社員として、あのピンク・レディーを発掘したことでも知られている。

その飯田氏を周防氏が一喝したのだ。

「おい、上條の言うことが聞けないなら、小泉今日子を引き上げるぞ！」

周防氏が発掘し、すでに大ブレイクさせていた小泉今日子が同じレコード会社からＣＤを出していたため、この言葉は効果てきめんだった。

すぐさま原曲の「Eat You Up」に日本語の訳詞がつけられて、レコーディングが行われる運びとなった。

こうして1985年11月に発売された「ダンシング・ヒーロー」は、オリコンチャートで5位を記録。これまでベスト10入りの経験がなかった荻野目にとって、約70万枚を売り上げる最大のヒット曲となった。

余談だが、続く10枚目のシングル「六本木純情派」の「～ブロークン・マイ・ハート♪」の歌い出しは、

「レイ・チャールズの『アンチェイン・マイ・ハート』をイントロにアレンジしてはどうか」

という私の意見が反映されていることもここに記しておこう。

そして盟友・周防氏のあの〝咆哮〟がなければ、「ダンシング・ヒーロー」はもちろん、それからの荻野目の活躍はなかったかもしれない。

つい先日、この「ダンシング・ヒーロー」が32年ぶりにブレイクしているというニュースを耳にした。関わった楽曲が世代を越えて愛される。当時の苦労が報

われた思いがしたものだ。

人見知りの激しい安室奈美恵

当時のアイドルでナンバーワンの歌唱力を誇った荻野目の成功で、ライジングプロを軌道に乗せた平氏が、次に目をつけたのは、沖縄アクターズスクールだった。のちに、ＳＰＥＥＤやＭＡＸ、三浦大知（Ｆｏｌｄｅｒ）らを輩出し、芸能界への一大登竜門となったのは誰もが知るところだろう。

さて、その先駆けとなったのが、２０１８年秋をもっての引退を発表した安室奈美恵だ。私が安室を初めて見たのはまだ彼女が中学2年生の時だった。沖縄アクターズスクールの校長であるマキノ正幸氏と親交があったことから、ちょくちょく沖縄に行くたびに、スクールの生徒を見せてもらったのだ。

安室の第一印象は、人見知りの激しい大人しそうな少女。

「今日は上條さんがお越しになりました。さあ、一列に並んで」

講師の指示を受けて、私の前に整列する時も、彼女は端のほうで恥ずかしそうにうつむいていた。東京からスカウトマンが来たと聞けば、たいていの子は「私が私が」と前に出たがるものだが…。

それでも私は安室に光るものを感じ取った。

年齢を聞くと、まだ14だったと記憶している。本心はすぐにでも東京へ連れて行きたかったが、せめて中学卒業までは仲間たちと沖縄にいさせてやりたかった。

「あと1年したら安室を東京へ連れていきます」

こんな言質を取りつけていたタイミングの出来事だった。平氏が私にこう申し出てきたのだ。

「私も沖縄アクターズスクールをこの目で見てみたい。宿泊代や飛行機代はうちで出すから、一緒に行かないか」

私はふたつ返事でOKし、2人で沖縄へ向かった。そこで安室に引き合わせたのが、あとで間違いだったことに気づく。なんと、平氏は裏で安室サイドと交渉に入り、私の知らないところで、上京とデビューの段取りを組んでいたのだ。

「上條が太鼓判を押したのだから、間違いないだろう」

平氏にはそんな打算があったのかもしれない。

結果的にその賭けは当たり、安室は「スーパー・モンキーズ」のメンバーとして頭角をあらわし、1995年からは小室哲哉がプロデュースしたことで、数々のヒット曲を世に送り出した。

今だから言えるが、ある時、平氏が私にこう言って現金を差し出してきたことがある。

「上條、悪いが、安室は私が発掘したことにしてくれ。頼む」

今思えば、あの金は「口止め料」だったのかもしれない。だが、デビューの経緯はどうあれ、彼女が沖縄から全国、そしてアジアの歌姫へと羽ばたいたのは、スカウトマン冥利に尽きるというものである。

＊

1960年代から70年代にかけて多くのスターを育ててきたものの、80年代に入ると、西園寺たまきの失敗で大借金を抱えてしまう。

その後、さらに借金を重ねて1989年に売り出したバンドが「HOT　SOX」だった。のちにaccessというユニットでブレイクする貴水博之もメンバーにいたのだが、シングルとアルバムを1枚ずつ出しただけで解散してしまう。

ある時、自分が出ていた雑誌や新聞を整理していたら、ちょうどその頃に受けたインタビュー記事の切り抜きが出てきた。当時の自分の心境がうかがえる貴重な資料だと思い、ここに引用したい。タイトルは《あの人は今こうしている》。

すでに1990年の時点で「過去の人」の扱いを受けていたとは我ながら失笑してしまうが、その時の心境をこう語っていた。

《確かにこの8年間、上條英男らしい仕事はひとつもやっていなかったね。テレサ野田をアメリカで歌手デビューさせるためにマンションを数千万円で売り払い、そのカネを持ってロスに飛んだのが8年前。テリー・タマキって名前でレコーディングまで済ませたのに、バックアップしてくれた会社がアメリカより先に日本でレコードを発売しちゃって、ボクの狙いはオジャン。3年前からは2千万円の借金を含めて6千万円かき集め、HOT　SOXってバンドを手がけて去年9月にデビューさせたんだけど、５人のメンバーは女のコに騒がれて喜んでる、ただのええカッコしい。完全にボクのメガネ違いだった。ま、そんなこんなで手元に残ったのは借金だけ。参りましたよ。》（「日刊ゲンダイ」１９９０年4月25日付より引用）

さらに日本の芸能界をこう言って一刀両断していた。

《しかし、日本の芸能界ってのはそれまで何本もヒットやホームランを打っていても、一度三振すると過去の積み重ねはすべてパーになってしまう。いつも売れてるタレントを抱えていないと評価されない。底が浅いっていうか、しり軽っていうか、ホント、いやになるね。》

当時はスターを世に送り出せず、いろいろうっぷんがたまっていたのかもしれない。

１９９０年に発行された「くたばれ芸能界」「芸能界の嘘」（いずれもデータハウス刊）で、私は「芸能界の生き証人」として、芸能界がはらんでいたスキャンダラスな内幕をすべてブチまけた。良いことも悪いことも、私は包み隠さず明かしたつもりだった。そして結果的にではあるが、舌禍事件に巻き込まれてしまう。

宮沢りえのヌード騒動

2冊の著書の中でも、最も世間の耳目を集めたのが、「芸能界の嘘」に著した宮沢りえの「全裸ヌード」に関する記述だった。

《りえの母親が彼女の全裸を3億円で売りに出している。今をときめくりえの全裸なのだから確かな価値はあるのだが、それでも1億円とは破格であり、買い手は思案にくれている最中である》（「芸能界の嘘」より引用）

150万部以上のベストセラーとなった写真集「サンタフェ」が発売されるのは、その本が出た翌年のことである。

本の発売と同時に、私は世間の厳しいバッシングにさらされた。

私の自宅前には30人ほどのマスコミが押しかけ、コメントを取りにきたのだ。

「宮沢りえさんが脱ぐって本当ですか！」

「いい加減なこと書いて、訴えられますよ！」

挙句の果てに、週刊誌にはバッシング記事が掲載された。辛辣だったのは、「週刊現代」と「サンデー毎日」で、

《上條英男の売名行為》

という見出しで糾弾したのだ。

当時、私は「伝説のマネージャー」としてメディアに出る機会も多かったため、いざ叩かれる立場になると、それこそサンドバッグ状態だった。

それでも、この宮沢りえのヌードに関しては、私は確信を持っていた。

りえのプロデュースを全面的に行っていたのは実の母親（りえママ）だったが、私は彼女の相談相手であった。私には小山ルミやゴールデンハーフらハーフのタレントを手掛けた実績がある。りえもオランダの血を引くハーフだったため、何かと助言を求められたものだ。

りえの母親もまたプロフェッショナルな人物であった。彼女の名誉のために書くが、全裸ヌードのネタ元はけっして彼女ではない。

篠山紀信がすでにヌードを撮影し、また松竹が彼女の濡れ場を盛り込んだ映画

を撮るという情報は別ルートから入手していたのだ。ヌード写真集は無事に日の目を見たが、私のこの本が出たことで、映画はお蔵入りになったと聞いている。

それでもなぜ私は暴露したのか。私は常々、タレントにこう話している。

「きみは脱ぐタレントになるのか。それともどんどん着ていくタレントになるのか」

とくにハーフタレントは短命だと言われている。花を咲かせる時代は短い。どうせ消えてしまうのなら、稼げるうちに稼いでしまえ——そんな思惑が感じ取れて、私は黙っていられなかった。

だが、幸運にも私の予想は裏切られた。宮沢りえはヌードで伝説を作ったあとも、消えるどころか、むしろ輝きを増していく。今や日本を代表する女優になった。脱ぐことがけっしてマイナスにはならないことを、宮沢は身をもって証明してくれたと私は考えている。

この一件で、私はマスコミの怖さを思い知った。その中で唯一味方をしてくれたのが、宇宙人ネタを専売特許にしていた東京スポーツだったことも、つけ加えておこう。

中森明菜と松田聖子

　1982年にデビューした中森明菜。デビュー間もない時期に私はテレビ局の楽屋で対面している。その頃、彼女はまだ売り出し中で、他の新人アイドルたちと一緒くたにされて公開放送の番組に出演していたのだ。

　私が楽屋で休んでいると、先客がいるのもお構いなしに、ドカドカと新人アイドルたちが入ってきた。その誰もが、入り口で無作法に靴を脱ぎ捨てていく。

「まったくこいつらときたら…。しっかりと教育してくれるマネージャーはいないのか」

　腹立たしく思いながらも、ことの成り行きを眺めていると、一人のあどけない少女が、入り口のところにしゃがんでゴソゴソと手を動かしている。彼女は散乱した靴をひとつひとつ手にして、きちんとそろえているではないか。事務所の先輩アイドルがいたからではなく、誰に言われたからでもない、自発的に動いているのだ。

それが明菜との最初の出会いだった。

顔はタヌキのようにぽっちゃりとしてどこかあか抜けない。だが、礼儀作法にうとい人間が多い芸能界において、彼女の几帳面さはよけいに輝いて見えた。また、どこかに妖精のような魅力を感じさせ、「この子は売れる」と思ったものだ。

するとどうだ。デビュー年に出した2枚目のシングル「少女A」がオリコンチャート4位にランクインして40万枚を売り上げると、立て続けにヒット曲を飛ばす。1985年から2年連続で日本レコード大賞を獲得するなど、女性アイドルの頂点にのぼりつめた。

私から見ても、明菜はプロフェッショナル中のプロフェッショナルだった。

人気が出れば、ねたみや嫉妬の声が出るものだ。そのすさまじい人気の影で、当時の週刊誌は「わがままずぎる」と書き立てることもあったが、そうは思わなかった。

ある時、彼女は所属事務所ともめにもめた。火種はカレンダーの写真だった。人気絶頂アイドルのカレンダーは、事務所に莫大な利益をもたらすドル箱だ。だが、事務所側は写真の使いまわしを明菜に打診したという。

スケジュールは真っ黒で、これから撮影する時間が取れない。どっちみち出せば売れるのだからわざわざ経費を使って撮る必要はないというのが事務所側の言い分だったが…。

明菜は断固反対して、

「ファンに対する裏切り行為です。時間なんて作ろうと思えば作れるんですからきちんと撮影したい」

こう申し出たという。この話を聞いて、私は感心させられたものだ。

芸能界では自分をマネジメントする能力がなければ生き残れない。駆け出しの頃は他人任せでも構わない。だが、それなりにファンがつけば、自分をどう売ればいいのか。どんな歌手になるべきか。自分自身でよく考えなければいけない。

そうして自問自答していくことで、自信やステージ度胸がつき、歌唱力も安定していくというものだ。

だが、明菜はあまりに繊細で、こだわりが強すぎた。いつ足元をすくわれて潰されるかもわからない敵だらけの世界で、女が一人で戦っていくことは、よほどの強靭な精神がなければ務まるものではない。

いつか壊れてしまうのではないか――。そんな私の不安は的中した。

1989年に近藤真彦の自宅で自殺未遂事件を起こしてしまう。

マッチとは知らない仲ではなかったので、私は大きなショックを受けたものだ。

明菜はこと恋愛に関しては、情が深く、純粋で一途。マッチと交際してからは、彼一筋に尽くしていた。

「僕はお風呂が汚いのだけは許せない」

マッチがあるテレビ番組で、こんなことを語っていたかと思えば、明菜は手をカサカサにして周囲にこう話していたという。

「お風呂を隅々まで磨いていたら手が荒れちゃったの。ずっとゴシゴシやっていたら…」

明菜にはそんなかわいらしさもあった。そんな明菜も2000年代に入って芸能活動の無期限中止を発表するなど、体調がすぐれなかったようだが、今ではディナーショーなどで歌手活動を再開させている。

明菜にはいろんなことがありすぎたが、彼女には公私ともに幸せになってほしいと願う。

そんな明菜と比べて、スキャンダルをも自分のプラスにして乗り越えていったのが松田聖子だ。デビューは明菜より2年早いが、彼女の歌唱力はお世辞にも褒められたものではなかった。

ただ、あの歌声は彼女にしか出せない。

最初に彼女の歌を聴いた時、「ああ、これは完全にセックスの声だ」というのが率直な感想だった。セックスの声というのは、感じている最中の吐息やアエギのムードをはらんでいるということだ。

フランスの女優で歌手のジェーン・バーキンも似たような声質をしていた。その点では類まれな才能だと思う。

デビュー当時の聖子は、純粋無垢なイメージで売っていたのだから、そんな美少女がセックスの声で訴えれば、レコードがよく売れるわけである。

まさになるべくしてなったスターだと思うが、彼女の気性の強さと運があってこそ、ディーバとして長く芸能界に君臨できたのだろう。

評価されないマネージャー業

これまで数えきれないトラブルを経験してきたが、これだけは言っておきたい。マネージャーというのは、サラリーマン根性では絶対に成り立たない職業である。

ところがやはり最近のプロデューサー、マネージャーを見ると、どうもサラリーマン化がはなはだしい。上から指示された仕事、自分の給料分だけ仕事をこなしていればいい…そんな考えでスターを生み出せるわけがない。

とはいえ、日本の芸能界をざっと見渡すと、これほど裏方が評価されない国というのも珍しい。

アメリカでは一人のスターが誕生した際、彼をサポートした人間もそれと同等の評価を受けるものだ。プロデューサー、ディレクター、アレンジャー、マネージャー、すべてに注目が集まる。

ビートルズが世界的大スターになったことで、プロデューサーのジョージ・マーティンやフィル・スペクター、マネージャーのブライアン・エプスタインが脚光を浴び、マイケル・ジャクソンと仕事をしたクインシー・ジョーンズも大きな功績を認められた。

アメリカの賞関連の番組を見ると、アーティストたちは「私が賞を獲れたのは、マネージャーの×××、プロデューサーの×××のおかげです」と名前をあげて、彼らを称賛する。

しかし日本の芸能界はどうだ。

受賞のスピーチではきまって「すべてファンの方々のおかげです」となる。まあ、そこでマネージャーの個人名をあげても、見ている人間にしたら「誰だそれは？」

とシラけてしまうに違いないが…。

そんな中でも、私の名前はある程度は売れた部類に入るかもしれない。

組織に頼らない「日本初のパーソナルマネージャー」、スターを育てるためには昼夜を問わずレッスンを行なう「突貫マネージャー」などと呼ばれて、よく雑誌やスポーツ新聞のインタビューを受けたものだ。

改めて数十年前の記事を読み返してみると、そこで私は繰り返しこう語っていた。

「今育てている子をスターにできなければ、私は地元の北九州に帰る」

もちろん、私が手がけたすべての〝タマゴ〟がスターになったわけではないが、私はいつでもこんな気概を持って、一匹狼のマネージャーとして生きてきたということだろう。

この思いは今も変わらない。

余談だが、私が手がけた安西マリアは、スポーツ新聞の取材を受けて、次のように語っていた。手前味噌を並べるようで恥ずかしいが、ここに引用したい。

《歌手になるつもりなんかなかったわたしを、１年がかりで口説いてとうとう歌手にしてくれちゃったんですからスゴイ人です。あの行動力にはかなわない。マネージャーがあんなに働いては、タレントは怠けるわけにはいかないでしょう。とにかく血の気の多い人よ。ケンカっ早いけど、あとくされがなくてサッパリした性格だし、頼れる〝男性〟ですね。》（「サンケイスポーツ」１９７３年11月25日付より）

＊

自分の手で素晴らしいスターを育てるという情熱（単なる自己満足かもしれないが）だけでこの仕事を続けてきた。自分の功績を認めてもらおうとは思わない。

実際、大切に育てたタレントに裏切られたことは一度や二度ではないが、こうしてタレント自身からその仕事ぶりを評価してもらうと、少しは救われた気分になったものだった。

この新聞記事の切り抜きは、今も大切に保管している。

あとがき

スカウト人生の中で、初めて見出したジョー山中のデビューが１９６６年とすると、私は50年以上にわたってこの業界で裏方の仕事を続けていることになる。

私は長らく一匹狼を自負してきたが、周防氏や川村氏、古賀氏ら創世記の男たちは、しっかりとタレントと「１対１」の信頼関係を築いてきたように見える。

そういう意味では、彼らもまた名マネージャーだ。

とくに70年代は、どの現場に行っても熱があった。有名になりたいタレント、売り出したいマネージャー、それらを口八丁手八丁でコントロールするプロデューサー、その現場を取材するマスコミもまたしかり。人間同士が腹を割ってぶつかりあい、関係を築いていく。そんな時代だったからこそ、私のような一匹狼が、生きてこられたのだと思う。

時代は変わった。ヤクザな稼業と言われた芸能プロは、名門大学を出たエリートの人気の就職先となり、コンプライアンスとやらが、やたらと叫ばれるようになった。

消費のスピードも増している。

テレビにやたら出ていると思ったら、翌年には「あの人は今」状態だ。いくら強烈な個性、才能があっても、飽きられてポイ捨てされるのを見ると、さびしい思いがこみ上げてくる。

「こいつのためなら死ねる――」

こんな気概を持って、タレントを受け持つマネージャーが果たして何人いるだろう。

70年代に頭角をあらわし、70歳台を過ぎた戦友がいまだに芸能界のトップに君臨しているが、彼らは果たして後継者に自分と同じだけの「情熱」「熱意」「気迫」を要求できるだろうか。

私は今も現役を続けている。

第二の西城秀樹、第二の舘ひろしを世に送り出すために。

渋谷のスタジオに通っては、教え子たちをみっちりと鍛えている。だが年は取りたくないものだ。２０１８年1月に77歳の誕生日を迎えてからはとくに体力が落ちたのを痛感する機会が増えた。２時間のレッスン中は常に真剣勝負で、ギターを弾きっぱなし。終了後は腕に力が入らず、家に帰るとその場で倒れこむように寝てしまう。そのため、生徒は5人に絞っている。どんなに有望な弟子入り志願の若者が来ても、すべて断っているのが現状だ。

生徒の中でもとくに目をかけているのが圭介とゴマミの２人だ。この２人には40歳台から50歳台、そして60、70歳台とどの年代の人間が聴いても感動できるアーティストに育ってほしいと思っている。

一昨年には心臓の手術をした。大動脈にガタがきて、まったく声が出なくなったのだ。

そこに救いの手を差し伸べてくれたのは、この本に何度も出てくる周防氏だった。彼は何も言わずに何百万円というお見舞い金を置いていってくれた。

周防氏に限らず、ともに何十年と同じ夢を見続けた友への感謝の意をこめて、この本を書いた。

最後に、この本を世に送り出すチャンスを与えてくれた株式会社鹿砦社の松岡利康社長、構成に関してアドバイスをしてくれた「紙の爆弾」編集長の中川志大氏、資料集めに奔走してくれたT君にお礼の言葉を述べてペンを置くことにする。

2018年8月某日
上條英男

〈著者プロフィール〉

上條英男（かみじょう・ひでお）

1941 年北九州市生まれ。関西大学在学中に音楽活動を開始。60 年代にワタナベプロ所属のバンド「フォー・ナイン・エース」のボーカルとして芸能活動を開始。引退後は一匹狼のマネージャー兼スカウトマンとしてジョー山中、小山ルミ、安西マリア、ゴールデンハーフ、浅田美代子、川島なおみ、舘ひろしらを発掘、育成。その過程で、周防郁雄氏、川村龍夫氏ら芸能界の重鎮と親交を深めていく。

BOSS　一匹狼マネージャー 50 年の闘い

2018 年 10 月 25 日　初版第 1 刷発行

■著者：上條英男

■発行人：松岡利康

■発行所：株式会社　鹿砦社（ろくさいしゃ）

〈東京編集室〉〒 101-0061　東京都千代田区三崎町 3 丁目 3 − 3 − 701

Tel. 03 - 3238 - 7530　Fax. 03 - 6231 - 5566

URL. http://www.rokusaisha.com/

E - mail.　営業部　sales@rokusaisha.com

　　　　　編集部　editorial@rokusaisha.com

〈関西編集室〉〒 663 - 8178　兵庫県西宮市甲子園八番町 2 − 1 − 301

Tel. 0798 - 49 - 5302　Fax. 0798 - 49 - 5309

■カバー写真：原田卓馬

■装丁：鹿砦社デザイン室

■印刷・製本：中央精版印刷株式会社

ISBN 978-4-8463-1251-0　C0030